Comment j'ai tué mon père

DU MÊME AUTEUR

Moments privés au Quai d'Orsay (avec Gabriel Alphand), Balland, 2013.

Frédéric Vion

Comment j'ai tué mon père

roman

Flammarion

ISBN : 978-2-0813-6419-6

« Nous avons appris de l'histoire, nous l'avons oubliée mais elle reste là, elle oriente nos jugements à chaque instant, elle forme notre identité, elle préside à la naissance et à la prise de conscience de nos valeurs. »

Jacqueline de Romilly
(*Pourquoi se souvenir ?*, 1998)

À ma famille.
La vraie.

Première partie

Creuser

1.

Ouverture

Vous voyez ces grands casiers métalliques pour ranger les dossiers ? Voilà vingt ou trente ans, il y en avait plein les bureaux. Ils étaient en tôle, ils couvraient des murs entiers, ça faisait des rangées de petites portes rectangulaires qu'on ouvrait vers soi, de haut en bas, qui fermaient avec un aimant et sur lesquelles on collait des étiquettes. On les trouvait surtout dans les administrations : à la sécurité sociale, ou dans les commissariats. D'ailleurs ceux dont je parle avaient été récupérés dans un commissariat. Ils étaient gris, et montaient jusqu'au plafond dans le placard du fond du couloir.

À l'intérieur des casiers, bien alignées, il y avait des munitions : des balles de pistolet, des balles de fusil, et puis des flingues, je ne sais plus quels modèles, je ne me suis jamais tellement intéressé aux armes. Se trouvait aussi là-dedans tout le matériel pour nettoyer, entretenir, monter et démonter des armes à feu. Il y avait même des grenades – j'espère qu'elles n'étaient que lacrymogènes mais je n'ai jamais bien su. Les casiers, douze en tout, étaient pleins, ce qui devait faire des centaines de balles.

Ce placard était celui de l'appartement où j'ai grandi. Il donnait contre le mur de ma chambre. Et l'arsenal, c'était celui de mon père, avec lequel il nous avait clairement fait comprendre qu'à la première occasion il nous buterait tous, mon frère, ma mère, et moi.

2.

Un gars exceptionnel

C'était un gars exceptionnel. Enfin surtout à ses yeux, ce qui n'est déjà pas mal. Contrairement à ce que beaucoup de gens croient, se trouver soi-même formidable et supérieur n'attire pas toujours les moqueries ou le mépris : ça peut même être, à l'inverse, une bonne base pour réussir dans la vie. Or mon père se trouvait physiquement splendide, beaucoup plus intelligent que la moyenne, et de manière générale plein de talents aussi absolus que variés. Et, là-dessus comme sur tout, nous avions intérêt à être de son avis – le contenu du placard était là pour nous le rappeler si nous avions été tentés de l'oublier.

Mais le plus fort est qu'il avait réussi à en convaincre d'autres. En vertu d'un principe méconnu mais somme toute assez simple, et qui a facilité l'existence d'un tas de dictateurs. Pour se fabriquer un destin de Führer, Duce ou Conducator, une fois qu'on s'est persuadé de son propre génie ça va en effet presque tout seul : il suffit de s'entourer d'une petite cour pas trop regardante, ou pas très éveillée, on atteint vite une masse critique, et ça fait boule de neige. Ayant admis que vous êtes un type super, vos fans se disent qu'ils ont beaucoup de chance de vous fréquenter, et que vous êtes même bien magnanime de condescendre à les considérer. Alors bien sûr, ils veulent convertir des nouveaux, leur dire à quel point vous êtes formidable, ça les fait valoir puisqu'ils sont votre premier cercle. Plus le nombre de fidèles grandit, plus il faudrait de lucidité à un trublion éventuel pour se rendre compte que non, en fait vous êtes un connard. Généralement ça n'arrive pas.

Bref, le tout est d'amorcer la pompe, et dans le cas de mon père elle l'avait été très tôt. C'était le deuxième parmi quatre frères et c'était le plus beau, le plus intelligent, et le chouchou de sa maman cela va sans dire. Mais comme ça va mieux en le disant, autant carrément l'officialiser : ma grand-mère Odette, la mère de ces quatre garçons, le criait donc sur les toits. Les trois mots « Daniel » et « mon préféré » allaient presque systématiquement ensemble dans sa bouche, tels quels, et sans une once de retenue ou de discernement elle les serinait aux voisins, aux oncles et tantes, à la dame de l'épicerie ou à M. le Curé. Impossible de pénétrer ce coin du département de Meurthe-et-Moselle en ce milieu des années cinquante sans apprendre l'existence et les exploits de l'enfant-phénomène. Elle le disait quand ils étaient petits, elle continua quand ils furent grands. Petit, Daniel réussirait mieux que les autres plus tard, c'était évident. Grand, il était plus malin, sa situation était meilleure, et puis c'était le plus élégant et, toujours, le plus beau : ça sautait aux yeux, estimait-elle, mais ce n'était pas une raison pour ne pas le rappeler sans cesse. Bon, c'est vrai qu'il n'était pas laid. Blond, mince et bien bâti, il avait un faux air de Steeve McQueen, qu'il entretenait à coups de jeans blancs ajustés aux cuisses et de petits pulls près du corps. Les grands jours, il parachevait l'ensemble d'une casquette à pompon en tissu écossais, qui aurait peut-être été ridicule chez un autre mais faisait, chez lui, son petit effet. Pour autant, la passion maternelle d'Odette était quand même un peu exagérée. Quand je l'ai connue, ma grand-mère ressemblait, elle, à une version blonde d'Édith Piaf : toute petite bonne femme frisée, au corps sec et fragile qu'un coup de vent semblait pouvoir emporter, elle était animée d'une force de caractère peu commune et surtout, comme son modèle, d'un amour dévorant. Mais plutôt que sur son mari ou sur les hommes en général, ce déferlement sentimental se concentrait sur son Daniel chéri. Il ne se passait presque pas un jour sans que le mètre soixante-dix-huit de son fils adoré, ses yeux bleus, ses cheveux dorés, sa silhouette athlétique, et j'en passe, aient droit chacun à leur petit compliment. Même les orteils de mon père devaient sembler à Odette dignes d'un tableau Renaissance, et l'intéressé, loin de trouver cette surabondance d'éloges déplacée, était d'accord.

Ce panégyrique, ma grand-mère le chanta toute sa vie à des oreilles que c'était censé flatter, en premier lieu les miennes : il était évident dans son esprit que j'admirais encore plus que tout le monde les qualités surhumaines de mon père, et que je me rengorgeais même à l'idée de peut-être, sait-on jamais, en hériter un jour. Odette rabâchait aussi son couplet à des gens qui s'en fichaient, mais là c'était involontaire de sa part : l'idée qu'un habitant de la planète Terre puisse se désintéresser de son Daniel n'entrait pas dans le domaine du concevable.

Le problème – enfin, le plus gros – est qu'elle ne mettait pas davantage de filtre à sa psychose quand elle s'adressait à des gens que ça pouvait blesser, en premier lieu les trois infortunés frères de cette merveille. Pour comprendre que ça n'était peut-être pas très heureux, il lui aurait fallu réfléchir, se demander par exemple ce que peuvent éprouver d'autres personnes qu'elle, une activité que ma grand-mère pratiquait peu. Dolto n'étant pas encore passée par là, elle n'y fut jamais non plus poussée par la mode, les livres ou, plus sûrement, les émissions de télé qui une vingtaine d'années plus tard auraient pu l'ébranler un peu. Et puis quoi, si ces trois couillons se vexaient, considérait-elle (enfin attention, couillons par rapport à leur frère, mais quand même bien supérieurs à tous les autres gamins), s'ils se vexaient, donc, c'est qu'ils avaient mauvais esprit et trop de fierté mal placée. D'ailleurs ils ne se vexent pas, n'est-ce pas Jean-Jacques, n'est-ce pas Jean-Paul, n'est-ce pas Roger, la différence est trop éclatante, et puis Maman Odette vous a bien élevés, pas ce genre de mauvaises pensées dans la famille.

En conséquence de quoi, les quatre ont passé leur enfance à se jalouser et à se castagner, tout en essayant sans cesse de se faire mieux voir l'un que l'autre par papa-maman. Puis ils se sont de moins en moins adressé la parole en grandissant, jusqu'à cesser presque toute relation.

Mon père, à ce jeu-là, était quand même le plus habile. Jusqu'au bout, il a réussi à maintenir son image de bon garçon auprès des parents, pas tellement en se comportant bien lui-même ni en faisant étalage de ses propres qualités, plutôt en dénigrant les frangins l'air de rien. Leur nuire, tout en ayant l'air du gars au cœur d'or qui essaie de maintenir le lien, ça demande de l'investissement mais après tout ce n'est pas si compliqué. On lance des initiatives de rapprochement qu'on sait vouées à l'échec, on les lance même d'une manière *exprès* vouée à l'échec, du coup ça rate, ahlala c'est pas faute d'avoir essayé. On se moque « gentiment » des petits défauts des trois autres, Jean-Jacques toujours en retard, Jean-Paul près de ses sous, Roger qui n'écoute jamais ce qu'on lui dit, et puis qui a des complexes parce qu'il est le plus petit... Et dans le même temps, on s'arrange pour être à l'heure, parler d'une dépense somptuaire récente, avoir l'air de suivre les conseils parentaux et redresser son mètre presque quatre-vingt. Pas sporadiquement et avec une maladresse naïve, comme ça se passe dans beaucoup de maisonnées, mais en permanence, parfois à plusieurs reprises dans la même conversation : ça demande un peu d'inventivité et de variantes de vocabulaire pour que le côté systématique et pensé ne se voie pas trop, mais c'est faisable. On prend par-dessus tout un air navré et modeste, et les parents sont ravis, confortés dans leur choix. Une jolie famille, comme on aimerait en voir plus souvent.

Une fois adultes, donc, les quatre frères ne se virent plus guère que par obligation, et presque uniquement chez leurs parents. Pour le traditionnel déjeuner collectif du dimanche, auquel il n'était pas question de couper, ou bien pour les fêtes – des fêtes qui de toute façon étaient de moins en moins nombreuses à faire l'objet d'un gueuleton. Devenues simples goûters autour d'un café et d'un gâteau, elles avaient l'avantage de permettre aux frères de se succéder tout au long de l'après-midi en se croisant le moins possible, l'un terminant sa tasse d'un trait lorsque le suivant arrivait, un manège qu'apparemment les parents ne remarquèrent jamais. Il était rare qu'un frère aille chez l'autre, et quand ça se produisait ça prenait l'air d'une corvée et c'était vite expédié. Je ne sais pas si c'était délibéré, mais il faut avouer que cette étanchéité est bien pratique pour qui ne veut pas qu'un œil extérieur vienne lorgner dans ses affaires en général, et dans certain placard du fond en particulier. Mes oncles n'étaient pas des chevaliers blancs, mais je crois sincèrement qu'ils n'ont jamais soupçonné ce qui se passait chez leur frère. Si ç'avait été le cas, j'ose espérer qu'une sorte de pression familiale se serait tout de même un peu exercée, laissons-leur le bénéfice du doute, mais le fait est que ça ne se produisit pas. Je revois très bien la face intérieure de la porte de notre appartement : elle me faisait penser à la porte blindée d'une chambre forte de banque tant, une fois fermée, elle nous coupait du monde. La société « normale » ne se trouvait pourtant pas bien loin : le F4 était au rez-de-chaussée, dans un petit immeuble des années soixante-dix en brique rouge, avec de larges fenêtres sur rue qui nous donnaient l'impression d'être en vitrine quand les lumières étaient allumées le soir. À l'extérieur, personne pourtant n'a jamais imaginé ce qui se passait dedans, et mon père jouissait dans le quartier d'une bonne réputation. Seule, parfois, une collègue de ma mère se piquait de l'envie de lui tenir tête, parce qu'elle trouvait mon père désagréable, sans imaginer pourtant la partie immergée de l'iceberg. Principale adjointe du collège où ma mère travaillait, cette dame s'amusait à prolonger volontairement les réunions de travail qui avaient lieu, de temps à autre, sur la table de notre cuisine. Les dossiers une fois expédiés, la discussion pédagogique faisait place à une tasse de thé, puis à un long apéritif. Dans ses grands jours, avec un soupçon de goujaterie calculée, cette courageuse dame s'invitait pour le dîner, feignant d'ignorer les fulminations de mon père et les dégustant même avec délectation. Elle avait compris la veulerie en fait assez marquée du tyran dans certaines circonstances, et usait de formules hypocrites comme « je ne voudrais pas abuser », faisant mine de ne pas entendre les « on ne voudrait pas vous mettre en retard » de mon géniteur. Ma mère ne savait pas sur quel pied danser, à la fois soulagée de voir quelqu'un porter le fer à sa place, et angoissée des représailles qui n'allaient pas manquer de s'abattre sur elle une fois la collègue partie. C'était drôle et tragique. Et aussi révélateur : l'une des rares personnes qui, étrangère au huis clos de mon foyer, ait perçu un jour que quelque chose n'y tournait pas rond, ne fut pas un membre de ma nombreuse famille. J'avais au total une cinquantaine d'oncles, tantes, grands-oncles, grands-tantes et cousins, avec tout ce que ça suppose habituellement de promiscuité, ou au moins de proximité. Aucun ne vit jamais rien. Un peu comme dans ces feuilletons pleins d'apartés et de drames intimes où les cellules familiales se frottent sans s'interpénétrer.

Ainsi brossé, je m'en rends bien compte, le portrait fait un peu *Dallas* ou *Dynasty*. Et c'était, au fond, exactement ça.

3.

Vous n'aurez pas l'Alsace et la Lorraine

Retour en arrière. Pas trop. Disons 1900.

Pour savoir comment on en était arrivé là, il m'a fallu gratter sous la surface des choses – ou plutôt creuser avec une pelleteuse, en défonçant quelques parois bétonnées. J'ai fini par comprendre que le terreau de départ sur lequel avait poussé cette si charmante lignée avait été entassé là avec deux très grosses pelles : l'histoire et la géographie. Et les deux sont, dans le cas de ma famille, particulièrement rock'n'roll.

A priori, naître à Perpignan, Roubaix ou La Roche-sur-Yon, ça n'a plus guère d'importance aujourd'hui : on va tous sur Facebook et on mange les mêmes surgelés où qu'on se trouve, voilà réglé le sort de la géographie. Et pour ce qui est de l'histoire, la plupart des moins de trente ans ne situent qu'imparfaitement dans le temps la fin du plein-emploi ou l'abolition de la peine de mort, alors les vieilles lunes, les frontières, les guerres, mon Dieu…

Et on ne voit pas que ce qu'on aime manger, lire ou accrocher au mur du salon, dépend parfois de ce qui est arrivé jadis à une arrière-grand-mère oubliée depuis longtemps, ou de la manière dont le vent de l'histoire a soufflé sur une fratrie qui ne s'en est jamais remise. En l'occurrence, dans le cas de la Lorraine, c'est net. J'ai mis longtemps à m'en rendre compte parce que j'y suis né, et que jusqu'à l'âge de dix ou douze ans on trouve toujours que tout ce qu'on vit est normal, vu qu'on ne connaît que ça. Or le bagage culturel qui, dès l'école primaire, tombait sur un petit Lorrain des années quatre-vingt était du genre costaud.

Pas seulement parce qu'à la cantine j'ai mangé bien plus souvent de la quiche et des charcuteries fumées que de la salade niçoise – je passe aujourd'hui encore pour un ostrogoth quand je petit-déjeune au jambon d'Ardenne ou de Westphalie, comme une bonne partie des Belges ou des Allemands. Mais il y a aussi qu'en colonie de vacances, quand j'étais petit, on partait dans les Vosges ou dans la Meuse, respectivement parangons régionaux de la montagne et de la campagne[1]. Et en randonnée, quelles chansons les monos nous apprenaient-ils ? Comme tous les enfants, j'ai été au régime *Un kilomètre à pied.* Voire *Le Curé de Camaret,* dans le cas de moniteurs plus délurés. Mais nous avions aussi un gros bonus

1. Je rappelle à toutes fins utiles que la Lorraine se compose de quatre départements : Meurthe-et-Moselle, Meuse, Moselle et Vosges.

historique par rapport à tout le reste de la France. Car en colo, je chantais également *Sambre-et-Meuse*, musique militaire patriotique écrite dans les années 1880, et qui célèbre les armées révolutionnaires de 1794. Dans cette chanson le régiment français finit mal, et c'est peut-être la raison pour laquelle cette peu motivante ritournelle eut tant de succès dans ma région frontalière, où les armées tricolores se spécialisèrent guerre après guerre dans les catastrophes et les déculottées. Il y avait aussi dans le même registre (sauf que là on gagne à la fin), le *Chant de la 2e DB*, sur un conflit plus proche dans les mémoires, sans oublier naturellement *Vous n'aurez pas l'Alsace et la Lorraine,* un passage obligé.

J'appris donc vers l'âge de sept ans qu'« après le Tchad, l'Angleterre et la Fraaan-ance » les libérateurs du général Leclerc avaient combattu jusqu'à ramener enfin la Lorraine, injustement arrachée par l'Allemagne nazie, dans le giron de la mère patrie[1]. Bon, j'avoue que *Vous n'aurez pas l'Alsace et la Lorraine*, ça commençait tout de même à se faire un peu moins, étant donné les paroles déjà considérées comme pas très politiquement correctes, puisqu'elles prétendent rappeler à

1. « Après le Tchad, l'Angleterre et la France, le long chemin qui mène vers Paris

Le cœur joyeux tout gonflé d'espérance, ils ont suivi la gloire qui les conduit

Sur une France, une croix de Lorraine, écusson d'or, qu'on porte fièrement ! [...]

Division de fer, toujours en avant, les gars de Leclerc passent en chantant... »

nos voisins immédiats qu'ils « avaient su germaniser nos peines », mais que « notre cœur, ils ne l'auraient jamais ».

La colo terminée, l'école prenait le relais, lors des semaines « musique et mémoire régionale » aux alentours du 11 Novembre. Ou bien encore l'une ou l'autre grand-tante, en veine de transmission artistico-culturelle. Mû par la volonté d'explorer mon histoire familiale, j'y étais sans doute plus sensible que d'autres gamins de mon âge qui, j'imagine, ont oublié ces détails aujourd'hui – et c'est vrai qu'en racontant ça j'ai l'impression d'avoir été enfant de troupe dans les années 1925, ou fils d'adjudant-chef juste après la Libération. On était pourtant au milieu du premier septennat de François Mitterrand, et ça ne nous empêchait pas de regarder aussi *Capitaine Flam* et *Ulysse 31* à la télévision.

Cette partie-là de mon enfance, je la devais à Bismarck. Tout venait en effet d'un trait de plume, tracé cent cinq ans avant ma naissance par l'austère et moustachu chancelier allemand : un vrai trait de vraie plume, sur une carte d'état-major, et qui passait en plein milieu de ma région dont il annexait la moitié. Un choc violent, qui allait nous secouer pour longtemps. Et en premier lieu les gamins à naître dans les années 1900, qui allaient être élevés dans le traumatisme de cette carte de France défigurée.

Entrée en scène de mon arrière-grand-père.

Il s'appelait Gabriel. Par rapport à moi et mes années quatre-vingt il paraît loin, pourtant il ne l'est pas tant que ça. Et, fatalement, encore moins pour mon père, puisque mon cher géniteur a pu entendre son grand-père, si tant est qu'il s'y soit intéressé, lui parler directement et comme les ayant vécus de quelques menus événements qui allaient faire l'histoire de ce début du XXe siècle : on a tendance à oublier que les sexagénaires d'aujourd'hui ont pu, s'ils le voulaient, papoter avec un grand-père capable de leur décrire de mémoire les tranchées de 14-18, si par bonheur il en était revenu. Mon père a-t-il pris cette peine ? Si c'est le cas, il ne m'en a jamais parlé. Il est vrai qu'il était lui-même l'objet principal de ses conversations et que je l'imagine mal interroger un ancêtre dont j'ai fini par comprendre qu'il ne l'estimait pas – alors qu'il avait pourtant toutes les raisons de le faire, renversement de valeurs dont il était coutumier. Mon père, à sa décharge, fut un ado des années soixante : décennie bénie qui vit éclore un monde « jeune », sur fond de Trente Glorieuses triomphantes et d'avenir radieux. Tout à leurs scooters, à leurs bananes gominées, et aux tourne-disques Teppaz sur lesquels ils écoutaient leurs 45-tours de Johnny, ces jeunes-là eurent encore moins que les autres envie que pépé les barbe avec ses vieilles histoires. Mais les « qualités » intrinsèques de mon père, peu enclin à l'écoute, n'ont sans doute rien arrangé. Et j'allais commencer à découvrir qu'un certain nombre de problèmes venaient de cette rupture-là.

Gabriel était né en 1900 tout rond. Sur lui avait pesé, comme sur tous les petits garçons et les jeunes hommes de son temps, un écrasant mélange de culpabilité et de défis à relever. Après la défaite de 1871 et l'annexion de l'Alsace-Moselle, la France n'eut en effet, comme on sait, plus d'autre idée que de laver l'affront et, surtout, de récupérer les provinces perdues. Tous les contemporains mâles de mon arrière-grand-père furent élevés dans ce but, l'école se cachant à peine de vouloir former les soldats de la revanche. Allait donc suivre la guerre de 14, puis celle de 39, avec à chaque fois pour son malheur mon patelin entre les deux lignes de front – et il commençait à en avoir l'habitude. L'église où j'ai été baptisé, déjà totalement ruinée fin XVIIe au moment de l'affaire de la Dévastation du Palatinat, avait aussi reçu des boulets en 1792, puis en 1815, puis fut saccagée en 1871 (le clocher perdit un étage) : elle sera bombardée en 1914, et je passe sous silence mai 1940 pour ne pas allonger une liste qui deviendrait fastidieuse. Bref, on n'avait pas fini d'en reparler.

Aujourd'hui, la région s'appelle « le pays des Trois-Frontières », parce que c'est ici que se rencontrent France, Belgique et Luxembourg. L'Allemagne est à peine plus loin, à une demi-heure d'autoroute. Mais entre ma vie et celle de Gabriel, le contexte était passé d'un extrême à l'autre. La bascule s'était faite à la génération de mon père et, visiblement, ça l'avait bien plus perturbé que Gabriel ou moi.

Quand je suis né, au milieu des années soixante-dix, les frontières ne voulaient plus dire grand-chose. On allait en Sarre allemande en voyage scolaire, et je rapportais de chez mon correspondant de collège, Manfred Schluding, des provisions de chocolat « Ritter Sport[1] » qu'on ne trouvait pas encore en France. J'ai toujours accompagné mes parents au Luxembourg plusieurs fois par mois pour faire le plein de la voiture : il y a vingt pompes de part et d'autre de la route avant même le premier village ; quand ça commence à sentir l'essence et qu'il y a des publicités géantes pour des marques de cigarettes c'est qu'on a passé la douane, qui elle par contre se remarque à peine, petit bâtiment dans un coin qui avait déjà l'air désaffecté d'aussi loin que je me souvienne. En Belgique, où je suis toujours entré à cent vingt à l'heure sur l'autoroute[2], on allait pour faire les courses : ils ont eu bien avant nous ces grandes zones laides à hypermarchés qui commençaient seulement à se développer en France. Luxembourg et Belgique nous apportaient aussi une fantaisie télévisuelle alors inusitée chez nous puisque la RTBF, qu'on captait très bien, diffusait les films à 20 heures, ce qui me permettait de les voir même quand il y avait école le lendemain. On recevait mal les chaînes

1. Prière de prononcer « chportt », comme un vrai Allemand.

2. Pas cent trente, cent vingt. En Belgique, c'est cent vingt.

allemandes mais la très commerciale RTL – qu'on appelait « Luxembourg » pour la distinguer de la radio – était quant à elle pleine de jeux rigolos et idiots qui, comme tous les moins de dix ans, me passionnaient[1]. Je me livrais donc chaque soir à un bonheur que je savais inconnu ne serait-ce que trente kilomètres plus au sud : après avoir rituellement lu à ma mère, dans *Télé 7 Jours*, le programme des trois chaînes françaises, elle me demandait « et Luxembourg ? » – et j'allais feuilleter l'encart spécial en noir et blanc, agrafé en supplément au milieu du magazine. On avait le sentiment d'avoir quelque chose en plus, et je ne me privais pas de frimer auprès de mes cousins de Nancy ou Bar-le-Duc, si banalement français.

Mais à l'époque de mon arrière-grand-père Gabriel, les trois frontières ne sont pas que de sympathiques particularités folkloriques. Parce que le quatrième larron est beaucoup plus proche, et qu'il a un visage, pas avenant pour un sou : celui de Guillaume II, empereur d'Allemagne, ennemi héréditaire. Metz et Thionville – la porte à côté – sont alors villes allemandes, flanquées de régiments à casque à pointe dans de jolies casernes toutes neuves, qu'on voit aujourd'hui encore et qui occupent des quartiers entiers. Les premiers villages de Moselle annexée se trouvent même à cinq kilomètres à peine des aciéries et des cheminées de ce qui reste de la

1. Je tiens d'ailleurs à informer Sophie Garel, alors présentatrice du jeu « Atoukado », que je voulais l'épouser.

Lorraine française. Longwy, Briey, Villerupt, Pont-à-Mousson, région industrielle parmi les plus peuplées de France, cinq mille ouvriers par usine, vingt mille par vallée, sont virtuellement sous le feu des canons Krupp. Des canons dont Gabriel et sa famille se demandent à tout instant quand les voisins de l'Est vont avoir envie de s'en servir. Aujourd'hui l'Allemagne n'a plus, bien sûr, cette image de Grand Satan. Mais la connaît-on mieux pour autant ? Bien qu'elle figure tous les jours à la rubrique « économie » des journaux, elle n'est qu'une réalité lointaine aux yeux de beaucoup de Français. Ils n'y sont jamais allés, et l'allemand a beau être la langue du pays le plus peuplé d'Europe, il reste dans les esprits un dialecte complexe, guttural et laid, qu'on réserve aux méchants dans les films de guerre. Mon père lui – décidément exceptionnel – réalisait l'exploit de cumuler les deux : l'inculture d'aujourd'hui s'ajoutait chez lui à un rejet viscéral très « 14-18 ». Bien que titulaire d'un bac à une époque où moins d'un jeune sur cinq le décrochait, il n'était pas très calé en allemand, ni sur l'Allemagne en général. En matière de langue de Goethe, je ne crois pas l'avoir entendu ânonner autre chose que deux ou trois blagues xénophobes avec l'accent de Papa Schultz. Quant à ses idées sur le pays lui-même, elles se résumaient à une haine résolue mais vague, l'irruption d'une plaque d'immatriculation allemande sur un parking donnant lieu à un crachat, accompagné d'un « j'aime pas les chleus » pour toute explication. De nous trois – Gabriel, moi et mon père – c'était donc lui, et de loin, le plus germanophobe. Il n'avait pourtant pas eu à souffrir des guerres, contrairement à son grand-père, et encore moins de la mondialisation et de certaines conséquences économiques du « modèle allemand » comme une partie de mes contemporains.

Il y avait là un mystère, puisque je refusais de me contenter de voir en son caractère borné la seule explication.

4.

Daniel et Gabriel

J'ai passé trente ans à sonder mes oncles, grands-tantes et cousins pour savoir ce qui avait bien pu me produire ce paternel-là, puis le conduire aux exploits d'humanité que l'on sait – et le tableau est loin d'être fini. C'était manifestement vers mes grands-tantes qu'il fallait se tourner. D'abord elles parlaient, elles, contrairement à mes oncles fermés comme des coffres-forts suisses. Et puis elles décrivaient des vies heureuses, sans haines recuites ni boules d'aigreur cachées dans les tiroirs intimes ; autrement dit sans tout ce que j'ai toujours connu dans mon milieu familial à moi, celui de mon père. C'est donc autour de ces deux générations, celle de mes grands-parents et celle de leurs rejetons, qu'avait dû se produire un bug. Bref, c'est juste après Gabriel que ça avait dérapé.

Cet arrière-grand-père avait une caractéristique : c'est le seul que les conversations familiales mentionnaient spontanément, sans que j'aie besoin de solliciter des confidences en déployant des trésors de finasseries. Autre indice : à rebours de tout le reste de la famille, mon père ne m'a jamais parlé de lui que pour le ridiculiser. À l'en croire, c'était un pochard, et la seule anecdote complète que j'aie pu tirer de mon géniteur est que son grand-père s'adressait au curé comme à tout un chacun, en lui tapant sur l'épaule plutôt qu'en pliant le genou. Ça scandalisait mon père, je n'en voyais pas trop la raison, ça me paraissait même rigolo. D'autant que mon paternel n'avait aucune conviction religieuse ancrée plus profondément que quelques simagrées sociales : il s'est marié à l'église parce que ça se faisait, et courbait le cou devant une soutane sans se demander pourquoi. J'ai fini par comprendre que ce que mon père respectait, ce n'était que la notabilité. Et que ce qui l'exaspérait chez son grand-père c'est que lui justement s'en fichait. Mon arrière-grand-père voyait derrière l'autel un type comme tout le monde, et même plutôt un type bien, qui essayait de faire son boulot au mieux, et pas cher payé, dans son petit monde de Don Camillo à lui. Une attitude en tout point contraire à celle de mon père, dont la déférence de façade se transformait en injures dès que le curé avait le dos tourné ; injures tout aussi injustifiées que le respect servile affiché par-devant. Ce Gabriel, que je n'ai pas connu, m'était aussitôt devenu follement sympathique.

À chaque fois que j'en apprenais un peu sur ce glorieux aïeul, ça me faisait une impression vertigineuse : celle qu'on aurait en composant aujourd'hui sur son smartphone le numéro d'un homme de Cro-

Magnon, qui répondrait au bout de deux sonneries et se mettrait à vous raconter depuis sa grotte sa chasse au mammouth du matin même. Du moins c'est l'effet que ça me fait quand, en notre XXIe siècle déjà bien entamé, ma mère ou un autre membre de la famille me parle de cet homme avec qui ils ont discuté en vrai, et qui était tout de même né au temps de Sarah Bernhardt. Or, outre les quelques bouleversements précités en matière de frontières et les conséquences qu'ils avaient eues dans nos vies, il s'était produit dans l'existence de cet homme un autre événement, bien plus innocent en apparence.

Après tout, 1900 ce n'est pas si ancien. Il y a déjà le train, les voitures, l'électricité ou le téléphone, pour les riches mais ça existe. Mais, en 1900, mon arrière-grand-père naît aussi, comme tout le monde, avec une espérance de vie de seulement cinquante ans, la quasi-certitude de quitter l'école à douze ans, et la très forte probabilité d'épouser un jour une fille de son village… sauf exception.

Gabriel naît également – et c'est là que ça devient intéressant – dans un système social où l'autorité n'est pas un vain mot. En 1900, quand des ouvriers font une grève un peu dure, la troupe tire dans le tas. Il y a parfois des dizaines de morts, femmes et enfants compris, et tous les journaux ne s'en émeuvent pas. En 1900, dans une famille française, le père a presque tout pouvoir sur sa femme, ses enfants, et sur les domestiques éventuels. On parle alors de la « puissance paternelle », et il faut du courage pour la défier. Mon père, lui, aurait adoré cette époque. Parce qu'il vénérait le principe même de l'autorité, quitte à ce qu'elle discrimine, écrase ou rabaisse.

C'est pourtant l'exact inverse que Gabriel s'apprête à faire.

Dans l'univers de Gabriel, les déplacements coûtent cher. Donc on reste à peu près là où on est né, on mange les poireaux qui poussent dans la commune ou bien juste à côté, et on tue soi-même pour son dîner un lapin ou une poule qu'on connaît personnellement. Du coup, la France de la Belle Époque produit des centaines de variétés différentes de poires ou d'asperges, qui, si elles avaient survécu, seraient aujourd'hui des AOC hors de prix. Et chaque village ou presque fabrique sa propre bière (d'ailleurs on picole sec). L'effet le plus inattendu de tout ça, pour notre œil moderne, c'est qu'en 1900 le village natal de Gabriel n'est pas du tout la banlieue dortoir un peu morte qu'il est devenu de nos jours. À travers champs il se trouve à une dizaine de kilomètres de Longwy, qui déjà n'est pas précisément une métropole mondiale, et pourtant ce village isolé est quand même animé. Comme il n'est pas question de se rendre à la ville pour y faire les courses quotidiennes, on trouve sur place tout ce qu'il faut : des coiffeurs, des cordonniers, des épiceries, des bistrots. Et pas moins de trois auberges. Gabriel est le fils de famille de la plus cossue des trois. Ça ne va pas durer.

Arrive le 11 novembre 1918. La France a gagné la guerre mais, dans la région, des villages entiers sont détruits qu'on ne reconstruira jamais. Mon arrière-grand-père découvre alors une pratique qui nous rapproche puisque, pour ma part, j'ai toujours vu faire ça aussi. Ça se passe dans ces paysages particuliers qu'on peut encore observer aujourd'hui sur une grande diagonale qui va de la Lorraine jusqu'au Pas-de-Calais : des plaines bizarrement ondulées, comme des cratères lunaires sur lesquels la végétation aurait poussé. Ce sont les trous laissés par les bombardements de 14-18. Le long des fossés, dans ces coins-là, on peut souvent observer des rangées d'obus, que les agriculteurs alignent après les avoir déterrés en labourant avec leur tracteur. C'est interdit, ils sont censés appeler le déminage à chaque fois, mais il y en a tellement que c'est impossible, et en général tout se passe bien. L'armée a l'habitude, elle passe de temps à autre faire le ramassage et stocke le tout avant de le détruire. Ça m'a toujours beaucoup impressionné, j'imagine donc les sentiments de mon arrière-grand-père qui, contrairement à moi, avait connu vivants les gens dont on gravait les noms sur les monuments aux morts, et se rappelait les rues en ruines du village d'à côté du temps où elles étaient debout. C'est peut-être ce qui lui a donné, en réaction, envie de vivre comme il l'entendait et d'envoyer bouler les conventions – en tout cas c'est un contexte qui pousse davantage à la remise en question que quand, deux générations plus tard, on est le préféré de sa maman.

Gabriel, alors, n'a pas encore vingt ans. Et en raison de son âge il n'a été envoyé au front que quelques semaines, à la toute fin de la guerre. Il a même eu la chance de ne pas être blessé : c'est donc un héros puisqu'il s'est battu, et en plus un héros entier, ce qui ne gâche rien. Bonus : Gabriel est bel homme. Un mètre quatre-vingt-cinq tout en épaules, une espèce de Superman vu les statures de l'époque, et puis une crinière de lion blond bien peignée en arrière, un genre qui fera quelques années plus tard le succès auprès des dames d'un Jean Gabin ou d'un Joseph Kessel. De fait, les femmes de ma famille en ont été suffisamment frappées pour que celles qui l'ont connu, et qui pour certaines entament désormais leur neuvième décennie d'existence, m'en parlent encore avec des soupirs flatteurs.

Récupérer l'Alsace et la Moselle, pour Gabriel, ça n'a pas du tout le côté abstrait que peut ressentir un gars du sud de la Loire, qui est bien content pour la France, la Patrie et tout ça, mais qui passe vite à autre chose, on a quand même les vaches à traire et le maïs à rentrer. Pour mon arrière-grand-père, ça fait sauter un énorme verrou. Les Lorrains étaient dans un cul-de-sac, tout au bord de la France, comme à deux doigts de tomber d'une falaise. Un équivalent de Vladivostok, dernière étape avant le Rien. Et subitement on leur ajoute un bout de pays. Sur ce bout, il y a des petits nouveaux. Les Mosellans étant redevenus français, on les redécouvre – ou plutôt on les découvre, puisque ça fait quand même quarante-sept ans qu'ils étaient partis, et qu'il se trouve aussi parmi eux beaucoup de gens installés là depuis peu, qui n'avaient jamais été français auparavant. Ils étaient arrivés du diable vauvert, des plaines de l'Est ; autant dire des terres barbares, tout à droite de l'Allemagne. De polonais, lituaniens, russes, juifs, apatrides, et j'en passe, ils s'étaient retrouvés allemands au fil du XIXe siècle, sans l'avoir davantage demandé que les Alsaciens-Lorrains annexés en 1871. L'hiver continental étant ce qu'il est du côté de la grise Poméranie ou des mines de Silésie, certains d'entre eux avaient profité de l'unification allemande pour déménager le plus à l'ouest possible dans l'Empire, histoire de voir si les patates y poussaient mieux. C'était même encouragé par les autorités : Berlin octroyait des facilités à ceux qui acceptaient d'aller coloniser cette « Reichsland », « terre d'Empire », nom officiel de l'Alsace-Lorraine allemande.

Irruption d'un nouveau personnage : ma future arrière-grand-mère.

Elle s'appelle Esther. Elle n'a jamais parlé français de sa vie, mais je n'ai pas réussi à savoir en quelle langue ou en quel patois elle s'exprimait. Souabe ? Polonais ? Yiddish ? Francique ? Welche ? Platt ? Tout est possible, car la région est une macédoine linguistique. L'intéressée étant morte dans les années cinquante, le mystère perdure. Toujours est-il qu'à la faveur de la réunion de la Moselle à la France, Mlle Esther franchit la frontière qui n'en est plus une, et trouve un emploi de bonne à tout faire à la Grande Brasserie Moderne, la plus grosse auberge d'un certain village de trois mille habitants. Un matin, Mlle Esther est occupée à récurer les escaliers, lorsqu'une main inconnue lui palpe soudainement le derrière – un derrière que cette opération ménagère agenouillée présentait relevé, et donc offert aux initiatives libidineuses. Mlle Esther est une jeune fille comme il faut, elle profère donc un juron guttural, puis balance sa serpillière dégoulinante de savon et d'eau sale dans la figure du coupable, qui s'avère n'être autre que le fils de la maison.

Un mois plus tard, ils étaient mariés.

Épouser la bonne ! Et une patoisante, en plus ! Gabriel plaide l'amour, son père s'en fiche. Le fiston pouvait tout de même prétendre à mieux : le fils de la plus belle auberge du coin pouvait espérer une fille d'instituteur, et même pourquoi pas de notaire ou de médecin de campagne. Le père finit par céder – à l'époque, à moins de vingt et un ans on n'est pas majeur, Gabriel a donc besoin de son consentement. Mais les relations entre le père et la bru vont rester fraîches. Ça laissera des traces et je pourrai mesurer, soixante ans plus tard, combien certains membres de ma famille paternelle auront à cœur de « ne pas passer pour des bonniches », et même si possible d'employer des domestiques et de les maltraiter. Il s'agit je crois d'un réflexe bien connu, chez les derniers promus dans une catégorie sociale supérieure, que de vouloir marquer le plus possible la différence avec ceux qui se trouvent encore à l'étage en dessous. C'est peut-être ainsi qu'un Freud ou un

Lacan aurait expliqué l'attitude de ma grand-mère Odette, future bru de Gabriel dont j'ai déjà un peu brossé le portrait. Dès que ses moyens le lui permettront, Odette emploiera des femmes, surveillera étroitement leur travail et leur fera recommencer jusqu'à ce qu'elle soit satisfaite. Puis, quand elle aura elle-même des brus, Odette les utilisera comme domestiques, s'évitant ainsi une dépense. Car au début de son mariage, ma mère résidera quelques mois sous le toit de ses beaux-parents, de même que chacune des jeunes filles qui épouseront mes trois oncles : le temps pour ma grand-mère de les dresser. C'est ainsi qu'Odette expliquera à ses brus, comme une chose naturelle, qu'il est légitime qu'un mari fréquente de temps à autre des femmes faciles, car un homme a parfois des besoins spéciaux qu'il ne saurait assouvir avec une femme honnête, *a fortiori* celle qu'il épouse. Ma grand-mère fera même la liste des pratiques intimes acceptables et de celles à laisser aux dépravées et aux professionnelles. Côté ménage, Odette qualifiera souvent ses brus de « souillons », devant elles, et les occupera à tous les travaux possibles. Les quatre belles-filles ne protesteront pas, même quand Odette les priera de se retirer à la cuisine en cas de visite, afin de ne pas imposer leur présence ancillaire à un monsieur ou une dame « comme il faut ». L'univers, pour ma grand-mère, était constitué de catégories bien définies, où elle rangeait sans discussion possible l'ensemble des individus, avec une conception discutable de la charité chrétienne. C'est ainsi qu'à la fin des années soixante cette très catholique personne, si assidue à la messe et aux bonnes œuvres, recueillera pour la soirée de Noël un jeune garçon déshérité… et le privera de dessert sous le prétexte qu'il avait sali les toilettes.

*

J'observe que l'épisode de la serpillière et de l'escalier d'Esther ne m'a jamais été raconté par mon père, ses parents ou ses frères. Pas même une vague allusion de toute leur vie. Il a fallu que j'entende sur le tard certains de mes grands-oncles et grands-tantes qui, eux, paraissent n'avoir aucun complexe à ce propos et envisagent cette histoire comme elle le mérite, c'est-à-dire avec amusement et tendresse. Mon père au contraire considérait ce mythe fondateur comme un tabou. Sans que je sache ce qui était le pire à ses yeux : que son aïeule directe ait été une domestique, ou bien une pas très française.

Comme par hasard, cette ligne de partage des eaux – entre ceux qui assument grand-mamie Esther et ceux qui ont voulu l'oublier – sépare aussi des gens avenants d'un côté, et de l'autre des individus qui ont manifestement un problème avec les relations humaines. Chez ces derniers, l'autorité et la hiérarchie s'entendent d'une manière particulière. Tout comme sa mère, mon père considérait que l'ensemble de l'humanité se compose de supérieurs et d'inférieurs. Les inférieurs, il faut les mater. Quant aux quelques supérieurs plus ou moins légitimes que l'on révère pour l'instant, patience : un jour peut-être on les dépassera, et alors on les brisera. Un véritable délire familial, dans le sens premier du mot : une fiction qui déforme la réalité et fait vivre dans un univers parallèle. Mes grands-parents, en premier lieu ma grand-mère Odette, considéraient ainsi comme des subordonnés les gens les plus divers, qui n'ont jamais soupçonné qu'on attendait d'eux une quelconque soumission, et qui auraient bien rigolé si on le leur avait expliqué. Il est arrivé que mon grand-père, mari d'Odette, égare son portefeuille en allant faire les courses. Le commerçant le trouve, et appelle à la maison pour prévenir. Normal ? Courtois ? Non, pas seulement. Ma grand-mère racontera cet incident de la façon suivante : « Tu comprends, quand le gars a vu à qui le portefeuille appartenait, il a eu la trouille, il s'est dit "ô mon Dieu", et il s'est dépêché de nous appeler. Le pauvre type, ça a dû lui faire sa journée ! » Ma grand-mère était l'épouse d'un contremaître bien établi, mais ce n'était pas suffisant pour son moi inconscient. Elle se croyait impératrice du Japon, à qui l'on ne doit s'adresser qu'avec stupeur et tremblements.

Quoi qu'il en soit – je reviens aux années vingt –, Gabriel, futur beau-père d'Odette, assume, lui, parfaitement d'avoir épousé une fille modeste. Et il supporte de plus en plus mal l'attitude de son propre père à l'égard de sa femme. Le patriarche a un peu tendance à prendre Esther pour la bonne qu'elle n'est plus, et à lui parler comme telle, ce qui à l'époque s'écarte nettement des règles de bienséance standard. À tel point qu'un beau jour

Gabriel estime que son paternel a, une fois de trop, mal parlé à sa jeune épouse, et qu'il préfère prendre ses cliques et ses claques. Il n'héritera jamais de la brasserie, mais cela vaut mieux que de voir son Esther piétinée. D'autres, comme mon père, reproduiront ce schéma mais à l'envers : mon cher papa épousera lui aussi une « inférieure », mais certainement pas pour la considérer ensuite comme une égale, plutôt au contraire pour la maintenir dans cet état et si possible même l'y enfoncer.

Le jeune couple que forment Gabriel et Esther, désormais libre de toute attache, va éprouver au superlatif ce que signifie « démarrer dans la vie ». On est en 1925. Le chômage est inconnu. Ils arrivent en ville. Et quelle ville ! Dix mille habitants, qui bientôt seront quinze, puis vingt, puis vingt-cinq mille ! La pollution ! Un tramway ! La plus grosse gare de triage de France ! Des directs pour Paris ! Une rivière qui, déjà, ressemble à un égout à ciel ouvert et que l'on va bientôt bétonner et recouvrir. La Lorraine bucolique et les pâtures à moutons de Jeanne d'Arc deviennent l'une des premières régions industrielles du monde, et pour un bon bout de temps. Installation du décor où, bientôt, va naître et s'épanouir mon père.

5.

Metropolis

Il faut quand même imaginer ce que c'était. Jusqu'aux années quatre-vingt – ce qui explique que je m'en souvienne si bien – la région de Longwy n'est rien d'autre qu'une gigantesque usine. Et un décor de film, entre *Metropolis* et *Germinal.* Mais sans drames de l'indigence ni dénonciation sociale, car je n'ai jamais perçu aucun de ces aspects misérabilistes dans la Lorraine industrielle de mon enfance, pas plus que mes parents ou grands-parents ne me l'ont décrite eux non plus. Longwy n'est alors pas une ville, mais des tuyaux, des câbles, des rails, des cheminées. Des murs de briques, des laminoirs, des quais, des hauts-fourneaux. Des avenues « de la Métallurgie » et des salles des fêtes « Maurice-Thorez ». Les mêmes corons que dans le Nord, mais que l'on appelle ici des « cités » : rues entières de logements identiques, peuplées uniquement d'ouvriers. Des maisons étroites et hautes, étirées sur trois étages, avec pour y grimper des escaliers un peu raides, monuments de bois massif qui aujourd'hui font très « maison bourgeoise » mais contre lesquels ont pesté des générations de ménagères qui s'y sont fatigué les mollets. Comme les collines lorraines offrent le plus souvent un terrain en pente, les cuisines sont « à l'anglaise » : depuis la rue on y pénètre en descendant un demi-étage, et elles ouvrent sur un petit jardin d'où l'on peut voir celui du voisin, exactement pareil au sien et à ceux de tout le quartier. Ce paysage impressionnait l'œil et la mémoire. Surtout la nuit, où il devenait dantesque : les installations métallurgiques se noyaient dans un halo orangé célèbre dans la région, mélange des projecteurs de l'usine et des lueurs du métal en fusion, dont on apercevait de loin les coulées. Un son et lumière gratuit et permanent, visible depuis toutes les hauteurs à la ronde. Car la totalité du fond des vallées, sur des kilomètres, est à cette époque occupée par les installations des aciéries ; la principale de ces vallées étant celle de la Chiers, du nom de la rivière qui y coule. Ce nom ne m'a jamais semblé bizarre pendant les dix-sept années que j'ai vécues là : il a fallu que j'en parle à des Parisiens pour prendre conscience de la sonorité triviale que ça pouvait avoir[1]. Une fois encore, tout paraît toujours normal quand on est petit, même ce qui ne l'est pas.

Entre Gabriel et Esther, jeune couple des années vingt, et le gamin des années quatre-vingt que j'étais, l'ambiance n'est finalement pas très différente. Les ouvriers ont presque les mêmes mous-

1. Chiers ne se prononce pas « chié » mais « chière », ce qui ne change pas grand-chose il est vrai…

taches et les mêmes casques de chantier en 1925 qu'en 1983. Bien qu'elle ne soit qu'une ville à peine moyenne à l'échelle de la France, Longwy semble immense à mon arrière-grand-père, comme elle me paraissait immense à moi. Et en fait, elle l'était. Car ce qui est vrai pour le village natal de Gabriel l'est aussi pour la métropole de l'acier qu'il découvre alors : la population des villes n'a pas du tout la même valeur qu'aujourd'hui. En notre début de XXIe siècle on connaît des communes de cinquante mille habitants complètement mortes, mais dans une ville industrielle de l'entre-deux-guerres c'est le contraire : ça grouille, et en continu. D'abord un haut-fourneau, une coulée de fonte, ça ne s'arrête pas comme on appuie sur un interrupteur : aujourd'hui encore les licenciés de Mittal et d'ailleurs savent bien que quand on interrompt le processus, c'est que tout est fichu et que l'usine ne redémarrera jamais. Les ouvriers travaillent donc vingt-quatre heures sur vingt-quatre. Il y a l'équipe du matin (6 heures-14 heures), celle de l'après-midi (14 heures-22 heures), et celle de nuit (22 heures-6 heures). À cinq ans, je savais de quoi on parlait quand j'entendais les hommes de mon entourage dire qu'ils étaient cette semaine « de six-deux », « de deux à dix » ou « de nuit ». Et je croyais que tout le monde, dans toutes les villes, fonctionnait comme ça. De même que je pensais que tous les endroits de la planète avaient des gueulards – ce nom qui désigne à la fois la bouche d'un haut-fourneau, tout en haut de l'édifice, mais aussi les cornes de brume accrochées dessus, mot merveilleusement imagé pour ces sirènes qui, chaque jour à midi, se mettaient en marche pendant une longue minute. Oui, les sirènes qui servent aujourd'hui à la sécurité civile, et que l'on teste chaque premier mercredi du mois pour voir si elles fonctionnent : chez moi, quand j'étais petit, c'était tous les jours. Les usines étant très grandes, et les montres de l'époque pas encore à quartz prenant parfois deux à trois minutes de retard par jour, je suppose que ce système permettait aux ouvriers et aux contremaîtres, éparpillés sur des kilomètres, de régler leurs pendules pour qu'il n'y ait pas de contestations.

Je croyais aussi que toutes les villes du monde avaient des « wagonnets », un réseau de téléphériques qui passait au-dessus de nos têtes, entre les toits des maisons, avec des petits wagons chargés de minerai ou de métaux qui transitaient d'une usine à l'autre. Je croyais enfin que dans toutes les villes, avant de prendre la voiture pour aller à l'autre bout du canton, il fallait tenir compte des trains de marchandises, parce que si on tombait sur le passage à niveau fermé on serait en retard (un train de minerai c'est très, très long). Tout comme les chansons guerrières des colos, raconter ça me donne la sensation d'avoir quatre-vingts ans, or je n'en ai pas quarante. Les dernières usines tournaient encore en 1985, époque qui me paraît lointaine quand je me souviens qu'il n'y avait en France que trois chaînes de télé et qu'on ne pouvait pas aller à Berlin-Est à cause du rideau de fer. Ou que les Lorrains d'alors ressemblaient exactement aux ouvriers polonais de

Solidarnosc ; comme la France le découvrit via les moustaches et le look des Villemin et de leurs voisins au moment de l'« affaire du Petit Grégory », actualité qui mit la Lorraine de 1984 sur tous les écrans de télé.

Les Lorrains, mais pas mon père. De tous les hommes qui m'entouraient alors, il fut l'un des premiers à se raser la moustache. Ça faisait trop prolo, or il ne l'était pas et n'aurait pas toléré qu'on le suppose. Poussé par ses parents à coups de cours particuliers dans toutes les matières – étant le préféré, ce merveilleux jeune homme avait eu droit à des investissements – mon père était arrivé à décrocher un bac d'une série pas très cotée, mais enfin c'était tout de même le bac, et à l'époque ça pesait lourd. Avec un pareil bagage en poche et le piston de son père, il aurait pu trouver sans effort une bonne place à l'usine. Mais ça ne l'intéresse pas. Cherchons bien. Tirer un trait sur une carrière industrielle, dans un patelin où 90 % de la population active travaille de près ou de loin pour la métallurgie, ça fait déjà un gros écrémage. Reste l'enseignement, mais mon père n'aime pas les enfants. Cherchons mieux. Il est le plus beau, le plus grand, le plus fort. Qu'est-ce qui, sans études supérieures, offre à la fois le prestige de l'uniforme, une autorité de fonction, un salaire sûr et, dans une petite ville sans problèmes, un boulot pas trop tuant ?

En 1972, mon père entre à l'école de police de Reims.

Voici donc l'explication de la présence d'un arsenal complet dans les fameux casiers du placard du fond. Flic, au début des années soixante-dix, ce n'est pas encore aussi contrôlé qu'aujourd'hui. On peut, dans les faits, porter son arme de service pratiquement quand on veut. En tout cas mon père l'a toujours ramenée à la maison sans être inquiété. Le reste, ça s'achète. On n'est pas aux États-Unis, mais les armureries existent aussi chez nous, sans compter le catalogue *Manufrance* ou *Le Chasseur français*.

Un jour ma mère ira bien trouver le commissaire, et lui expliquera la situation : mon père nous menace, elle, mon frère et moi, avec son arme de service. Il a déjà braqué son pistolet sur la tempe de mon jeune frère, bébé, qui n'avait pas un an. Le commissaire demande à ma mère si elle souhaite porter plainte. Bien sûr que non : elle craint – et elle a de quoi – des représailles. Et puis il n'y a pas de témoins : tout s'est toujours passé dans l'intimité des lâches, dans l'appartement, sans même assez de bruit pour alerter les voisins. Et mon père a prévenu ma mère que, si toutefois il ne nous tuait pas, il la ferait passer pour folle. Avec un bon avocat c'est jouable, et ses parents à lui ont les moyens d'en payer un cher – ils l'ont déjà fait dans un procès qui les opposait à des voisins, allant chercher loin une star du barreau qui pulvérisa la partie adverse. Des années après, en nettoyant une cave, je découvrirai une boîte à chaussures cachée derrière des outils. À l'intérieur, il y avait des psychotropes, avec des notes de la main de mon père, tout une pharmacopée de tranquillisants et drogues diverses. Je me souvins alors que, certains soirs, ma mère était un peu bizarre, comme éteinte, et qu'une fois même elle avait voulu appeler un médecin. Mon père l'en avait empêchée, hurlant que « ce n'était rien » et qu'elle « devait arrêter de trop s'écouter ». Il valait mieux pour lui, en effet, qu'aucun médecin ne mette son nez dans ce qui se passait chez nous. D'autant plus qu'un médecin peut faire des signalements, et puis qu'il n'est pas impressionné par la police, au contraire. Je ne sais pas très bien si ces médicaments avaient pour but de faire passer ma mère pour une déséquilibrée, ou s'il s'agissait de faire plus facilement d'elle ce qu'il voulait. Toujours est-il que le commissaire de police ne tenta rien. Pas de plainte, pas de problème. Un jour, lors d'une révision générale des armes de service, il laissa tout de même un peu traîner la procédure et mon père fut privé de son flingue trois semaines au lieu d'une, ou quelque chose de ce genre. Il en avait de toute façon d'autres à la maison.

6.

L'adieu à Dakar

En ce temps-là, l'usine fournissait tout. La plupart des ouvriers étaient logés par les aciéries, même si à partir des années cinquante certains commenceront à se construire une maison à eux, souvent en maniant eux-mêmes la bétonneuse et les parpaings. Au milieu des années vingt, l'une des principales installations de la vallée s'appelle l'usine « de la Providence », ce qui ne s'invente pas. Depuis sa création sous Napoléon III jusqu'à son dynamitage sous François Mitterrand, les hommes du coin disent donc, sans le moindre mauvais esprit, qu'ils travaillent « à la Providence », ou que « la Providence » leur a offert un panier garni en guise de prime de dimanche.

Quand il quitte l'opulente auberge de son père pour entrer au service des usines sidérurgiques Wendel, mon arrière-grand-père Gabriel n'y trouve donc pas seulement du travail : la société des aciéries lui octroie un logement, ainsi que du charbon presque gratuit. C'est agréable, mais ça donne à l'usine une emprise sur les vies. Il existe même dans certains endroits un procédé un peu vicieux : en attendant la première paie, les patrons avancent au travailleur qu'ils viennent d'embaucher des bons d'achat, à valoir dans l'épicerie qui dépend d'elle. Un jeune ménage sans ressources comme Gabriel et Esther peut donc faire ses courses dès son arrivée en ville, ce qui est pratique. Mais ce n'est qu'une avance, à rembourser sur le futur salaire. Ce qui implique que, dès le départ, la famille est en dette vis-à-vis du patron, et que quand la paie tombe elle ne permet que de revenir à zéro. Et le mois suivant, on recommence. Vingt-neuf jours par mois – ou six jours par semaine, pour les entreprises qui paient chaque samedi – l'ouvrier doit donc des sous à l'usine, et non l'inverse. Imparable.

On comprend mieux dans ces conditions que les mairies de la région, elles, aient été longtemps très à gauche. Quand j'étais petit, le maire s'appelait M. Jules Jean. Il était doté d'une tignasse à la Staline puisqu'il était communiste, je trouvais ça fort pratique à retenir – et je croyais même que pour ressembler encore davantage au maréchal soviétique il ne portait lui aussi qu'un nom unique, puisque je l'orthographiais Juljan. Les électeurs exerçaient dans l'isoloir une liberté qui, au moins, échappait au contrôle du patron, et ils envoyaient aux responsabilités le parti politique qui leur semblait le plus à même de rudoyer les barons de la métallurgie. Le mot « baron » n'est pas qu'une façon de parler, beaucoup des grands propriétaires des usines métallurgiques de Lorraine pendant tout le XXe siècle étant effectivement issus de familles nobles, en premier lieu les Wendel[1].

Dans ma ville, même l'épicerie du coin a longtemps été tenue par des quasi-employées de l'usine. Pendant la plus grande partie du siècle c'est à la « copette[2] » que se rendent Gabriel et Esther pour faire les commissions, comme plus tard Marcel et Odette, ou bien mes parents : pratique, à deux pas, et avec des prix qui font qu'on ne va pas ailleurs. Même des villages perdus dans les bois fonctionnent sur ce modèle : de Saulnes à Hussigny-Godbrange, entre les champs de blé et un boqueteau de hêtres ou de noisetiers, il y a un haut-fourneau et un laminoir, donc aussi une boutique de la « coopérative de la Société des Mines ». On y trouve, outre l'alimentation, vêtements et tissus, chaussures, articles de ménage et quincaillerie. Quand j'étais petit le système était en train d'agoniser, ces magasins étaient devenus de simples supérettes où on n'allait plus guère qu'en dépannage pour un paquet de sucre ou de café, mais les dames qui m'y vendaient des bonbons à cinq centimes l'unité étaient encore presque toutes des femmes d'ouvriers. Malgré le rachat par les magasins Radar qui y avaient mis un peu de marketing, la déco fanée sentait le dépôt

1. L'ancien patron du Medef Ernest-Antoine Seillière est l'un de leurs descendants, ainsi que l'ancienne députée-maire UMP du XVIIe arrondissement de Paris, Françoise de Panafieu.

2. Abréviation populaire de « coopérative ».

de bilan – mais j'aimais bien y aller justement parce que j'étais impressionné par l'immense balance Roberval au cadran de laquelle je ne comprenais rien, machin métallique qui me semblait pouvoir servir à peser un hippopotame vivant et qui était sans doute plus vieux que mes parents. Pendant longtemps l'usine, même si elle ne contrôlait pas directement le magasin, lui offrait des facilités, si bien que ça revenait au même, au moins dans les têtes. Entre le patron des vendeuses et celui de leur mari on finissait par ne plus savoir très bien qui était qui. De toute façon, pour ne pas être subordonné à l'usine dans ce coin-là du XXe siècle, il fallait être notaire ou médecin, ou bien employé à la mairie ou aux impôts, ou alors flic ou instit. C'est tout, on a fait le tour. Lors des grandes grèves de 47-48, des mineurs du Nord se firent renvoyer et ne trouvèrent plus jamais de travail : ils perdaient donc leur logement, et leur couverture sociale aussi puisque le généreux régime des Mines était dérogatoire à celui de la Sécu. Terminées de même la colo des enfants l'été et les animations des patronages pendant l'année. Et aussi les colis de cochonnailles ou de sucreries à la Saint-Nicolas, la Sainte-Barbe[1], Noël, Pâques et j'en oublie. Pour les ouvriers dociles, au contraire, ce système est un gros morceau de beurre dans les épinards quotidiens : ma mère et ses sœurs,

1. Saint Nicolas est à la fois le patron de la Lorraine et celui des enfants. Sainte Barbe est la protectrice des métiers du feu, donc des métallurgistes, mais aussi des démineurs ou des pompiers.

durant toute leur enfance et leur adolescence, ne sont parties en vacances que via les voyages organisés par l'usine, et parfois même vêtues d'anoraks offerts par l'usine.

Dans ma famille, outre mon grand-père paternel contremaître, ses trois autres fils travaillaient également à l'usine. De même que mon grand-père maternel, et que deux de mes oncles par alliance, époux des sœurs de ma mère. Ça peut paraître oppressant vu d'aujourd'hui, en même temps c'est une organisation sécurisante, et beaucoup ne se posent pas de questions. Jeunes mariés, mes arrière-grands-parents Esther et Gabriel n'y vont d'ailleurs pas de main morte : ils font huit enfants. Étalés sur tout l'entre-deux-guerres : d'abord Marcel, mon futur grand-père paternel, qui naît en 1923. Puis un frère, cinq sœurs, et un petit dernier né sous les premiers bombardements de mai 1940. Une génération dont j'ai connu tous les membres, qui ont traversé le siècle et ses bouleversements. Si bien que, enfant, j'étais persuadé de me faire mener en bateau quand ma grand-tante Francine me racontait que pour aller à l'école elle traversait chaque jour, aller et retour, accompagnée au fil des ans de tous ses frères et sœurs plus jeunes, deux kilomètres d'un grand bois sombre que pour ma part je n'ai jamais parcouru autrement qu'en voiture.

Pour celui qui allait devenir mon grand-père paternel, naître en 1923 c'est très intéressant. Enfin historiquement, parce que sur le plan personnel le jeune Marcel s'en serait bien passé. En 39-40, ça va encore, il est trop jeune pour faire la guerre. Mais après il y a le S.T.O. : les nazis et Vichy raflent les jeunes gars de cet âge pour les envoyer travailler en Allemagne. Ce n'est pas les camps de concentration, mais les conditions sont quand même déplorables, on mange de la soupe à l'eau et on dort dans des baraquements, et si on ne travaille pas suffisamment c'est du sabotage aux yeux des nazis, autrement dit le peloton d'exécution. Mais Marcel a trouvé une idée pour échapper à la fois à ça et à l'usine, qui ne le tente pas. Il veut être militaire de carrière. Hitler n'a laissé à Vichy qu'une petite armée de cent mille hommes, mais c'est un coup à tenter. Et puis jusqu'au milieu de la guerre, le statut des colonies n'est pas très clair. Les hauts fonctionnaires et militaires stationnés là-bas, du Sénégal à la Tunisie en passant par le Maroc, vont rester longtemps dans le flou : appliquant les ordres de Vichy, mais de loin, tout en gardant le contact avec les Alliés.

Bref, la situation de mon grand-père Marcel au début des années quarante est à la fois pas nette, angoissante et dangereuse, mais elle offre aussi des chances à saisir. Autant de possibilités de faire basculer son destin. Oui, mais dans quel sens ?

Ce qui a fini par jouer, c'est l'Empire. En ce temps-là, sur les planisphères, à côté du bleu ciel dévolu à l'Angleterre et aux nombreuses colonies britanniques, la France étale son rose layette presque aussi largement sur les cinq continents. Autant de promesses d'aventure, de palmiers et de sable chaud – à une époque où les voyages sont inaccessibles à la plupart des Français faute de temps et d'argent. Pour Marcel, jeune Lorrain de vingt ans qui ne se voit pas visser le même boulon toute sa vie, c'est l'Eldorado. Quant au reste, je crois qu'aucune considération politique n'a jamais effleuré mon grand-père, il a vu ça uniquement comme l'occasion de quitter son tas de charbon. Espérant s'engager dans ce qui reste de l'armée française, Marcel prend donc le train pour Toulon, port d'attache de la flotte nationale, d'où il pense s'embarquer pour l'Afrique. Mais le 11 novembre 1942, les troupes nazies violent les accords d'armistice et envahissent le sud de la France que jusque-là elles n'occupaient pas. Et le 27 novembre la flotte française se saborde, pour ne pas tomber aux mains des Allemands.

Mon grand-père ne partira jamais aux colonies.

Au lieu de ça, il remonte en Lorraine, bien obligé. Avec difficulté, car certaines zones proches de l'Allemagne sont dites « de retour interdit » : si on en part, on n'y revient pas, prélude semble-t-il à un plan que les nazis avaient pour l'après-guerre – une large région allant jusqu'à Reims serait devenue allemande, et peuplée exclusivement d'« Aryens ». C'est pour cette raison que les sœurs de Marcel, mes grands-tantes, vont quant à elles rester longtemps bloquées dans le Sud-Ouest. En 40, elles avaient fui l'avancée des troupes allemandes en montant dans le premier train qu'elles avaient trouvé, et qui suivait lui-même les ordres d'évacuation mouvants et contradictoires d'un gouvernement français complètement débordé. Les cinq sœurs de Marcel et le petit dernier âgé de quelques jours, sans oublier Esther, leur mère, qui ne parle toujours pas couramment le français, échoueront ainsi en Gironde : ils camperont un moment en gare de Libourne, avec pour seul point d'eau une fontaine dont il faudra se contenter pour à la fois la boisson, la toilette et le nettoyage du linge. Pour la mère, née je le rappelle quelque part dans l'est de l'Europe, puis émigrée en Moselle allemande, puis devenue française, ça commençait à faire beaucoup. Ils parvinrent tout de même à rentrer en Lorraine. Sauf Francine, la plus âgée de mes grands-tantes qui, alors jeune fille, habita quelque temps à Paris chez un de ses oncles. Un matin la Gestapo fit irruption dans l'appartement, l'oncle fut emmené pour faits de Résistance, et on le fusilla quelques jours plus tard au Mont-Valérien après l'avoir autorisé à écrire une dernière lettre. Une rue de banlieue parisienne porte aujourd'hui encore son nom.

Après les pérégrinations de la débâcle de 40, mon futur papy Marcel retrouve donc le pays des usines et ses habitudes. Depuis quelque temps, il fréquentait une maison plantée au carrefour de deux routes et qui faisait à la fois café, restaurant, hôtel, et même un peu salon de coiffure. La patronne, Mme Meurette, était une divorcée, chose rare à l'époque. Elle n'avait que des filles, qui servaient en salle, faisaient les chambres et coupaient les cheveux des clients –

essentiellement des soldats allemands qui venaient faire rafraîchir leur brosse chez les jolies sœurs Meurette, plus agréables à l'œil et aux ciseaux que le coiffeur militaire.

Parmi ces filles, la jeune Odette est une piquante et gouailleuse petite blonde, avec un amusant nez en trompette à la Paulette Dubost. Elle aime plaisanter avec les clients, français comme allemands. Avec ces derniers les vannes virent à la comédie dramatique, puisque la blague favorite de celle qui va devenir ma grand-mère est de faire remarquer aux soldats nazis, pendant qu'elle les rase à la lame coupe-chou, qu'elle pourrait tout aussi bien les égorger d'un geste malencontreux. Le soldat répond alors en riant que ses camarades viendraient le venger, même si la petite Odette a de bien jolis yeux, après tout c'est la guerre, bref on rigole bien.

C'est donc là qu'un soir après dîner, alors que Marcel en est au café, la lumière s'éteint brusquement. Les sirènes et la Flak[1] se mettent à hurler : c'est une attaque aérienne. Pas de dommages pour cette fois car les bombardiers alliés passent assez loin, mais le bistrot reste un moment dans le noir complet. Profitant de l'obscurité, Odette se jette alors au cou (façon de parler) du jeune et beau Marcel, qui n'en revient pas. Ils échangent quelques points de vue, en essayant de faire le moins de bruit possible… et soudain la lumière revient. Marcel

1. La DCA allemande.

et Odette se trouvent alors dans une situation suffisamment intime pour que, vu les mœurs de l'époque, un mariage rapide soit considéré comme nécessaire. On est en juin 44. Ils seront mariés fin juillet.

Les mauvaises langues, et en premier lieu ma grand-tante Marguerite, sœur d'Odette, ont une explication au désir soudain qui s'empara de ma future grand-mère pendant cette fameuse coupure de courant. Selon Marguerite, Odette avait en effet été très amie jusque-là, non pas de mon futur grand-père, mais d'un certain Otto, soldat allemand. L'épisode de la coupure de courant ayant lieu mi-juin 44, juste après le Débarquement, on peut imaginer qu'Odette sentant le vent tourner avait décidé de brusquer un peu ce Marcel trop timide, qui avait l'avantage d'être bien français et pas compromis politiquement. Elle s'assurait ainsi un avenir de jeune mariée respectable au lieu d'une réputation de fille légère, et on sait combien elles furent maltraitées à la Libération. Ni Marguerite ni Odette ne sont plus là pour démentir ou confirmer, et il va sans dire que la question reste taboue dans le reste de la famille. Un tabou que pour ma part je ne comprends pas très bien puisque avoir fréquenté un Otto pendant l'Occupation me paraît relever d'une histoire individuelle : c'était peut-être un gentil gars, pas forcément nazi, qui n'avait même pas voté Hitler en 1933 et qui comme quelques millions d'autres s'était retrouvé là sans avoir rien demandé à personne.

Quoi qu'il en soit, Marcel et Odette se marièrent, Marcel trouva du travail à l'usine comme il avait toujours espéré ne pas le faire, et ils emménagèrent bientôt dans une petite maison construite par l'usine dans un quartier tout neuf. Cinquante toits très pointus rangés en allées rondes et fleuries, autour d'une église et d'un épicier-boucher : on aurait dit une jolie maquette de train électrique. Ils y firent quatre garçons, et c'est là que l'amour filial mal placé de ma grand-mère allait saccager beaucoup de choses sur plusieurs générations.

7.

Simca 1000

Pour ma part, je suis né dans une Simca 1000. Enfin non, je suis né à la maternité comme tout le monde, mais mes parents avaient à ce moment-là une Simca 1000. Elle était rouge, bordeaux foncé pour être exact. Car bien avant l'irruption des Twingo jaune poussin et autres nouvelles Fiat 500 rose bonbon, nous avions eu droit dans les années soixante-dix à une première salve d'inventivité débridée en matière de carrosserie automobile. Mon oncle Roger conduisait une Opel Manta moutarde, la voisine une Visa mauve, et mon quartier s'enorgueillissait de Renault 16 vert pomme, de Citroën GS orange, et même d'une R18 rose métallisé. Tout ça d'origine et prévu au catalogue constructeur, le tuning n'ayant pas encore sévi – du moins le tuning extérieur, puisque pour l'habitacle on consacrait quand même quelques dizaines de francs à l'achat d'une superbe housse en peluche blanche à installer sur le volant et, pour les esthètes, d'une paire de dés à jouer géants suspendus au rétroviseur. Ajoutons encore le look carré et le moteur à l'arrière des petites populaires de l'époque, leur tendance à tenir la route comme des savonnettes mouillées, et le fait qu'un lecteur de cassettes était déjà un marqueur de luxe, et voilà un portrait fidèle, pour ceux qui ne l'ont pas vécue, de l'autre galaxie dans laquelle on se trouvait alors. Donc, mes parents avaient une Simca 1000, la plus cubique de toutes les cubiques, au début les phares avant et arrière étaient ronds mais bien vite le constructeur remarqua sa faute de goût, il les remplaça par des rectangulaires, ouf, on était sauvés, ça faisait moderne.

Enfin je dis « mes parents avaient », mais je devrais dire « mon père ». La voiture était payée à deux, assurée à deux (l'assurance de ma mère d'ailleurs, qui de par son métier avait des prix) mais seul mon père avait le droit d'y toucher. Le couple ne vivait pourtant pas au fin fond de la Sicile, mais dans un Hexagone censé être devenu une « société libérale avancée », selon le mot de Valéry Giscard d'Estaing, président si moderne qu'il venait de faire disparaître les dernières dispositions phallocrates du Code civil. Le divorce par consentement mutuel avait été rétabli, l'IVG autorisée, et la France s'était même vu octroyer une secrétaire d'État à la Condition féminine en la personne de Françoise Giroud. Sans oublier Simone Veil qui, elle, était ministre de plein exercice, une révolution puisque c'était seulement la deuxième que le pays ait connue[1].

1. Après une éphémère Mme Poinso-Chapuis en 1947, il n'y eut en effet plus aucune femme ministre sous les présidents Coty, de Gaulle et Pompidou. Certaines sources prêtent même au Général ce jugement : « Et pourquoi pas un ministère du Tricot ? »

C'est dans ce même pays que vivait ma mère. Et elle avait, théoriquement, toutes les cartes en main pour appartenir à cette génération nouvelle de femmes libres. Elle n'était pas une vieille dame pour qui ç'aurait été trop tard. Elle ne vivait pas dans un village isolé où tous ces bouleversements auraient paru lointains. Elle n'était pas non plus une pauvre prolétaire sans bagage. Ma mère avait vingt-cinq ans, son bac et son permis en poche depuis déjà sept années puisqu'elle avait réussi les deux du premier coup. Et elle était professeur de français.

Dans sa famille, ç'avait été un saut qualitatif énorme. Car les parents de ma mère étaient des ouvriers, immigrés de surcroît. Quand leur fille aînée fut reçue à ses différents concours et examens, ils en conçurent une grande fierté, d'autant plus grande qu'ils se rendaient compte de ce que ça signifiait : c'était comme si la République française les adoptait définitivement, eux et leur lignée. Mais ma mère, elle, ne fut pas assez pénétrée de l'importance nouvelle que ce statut lui donnait. Ses parents lui avaient enseigné la modestie, en insistant sans doute un peu trop : « Ce pays est déjà bien bon de nous avoir accueillis, disaient-ils, ne nous faisons pas remarquer. » Elle ne comprit donc pas qu'elle pouvait désormais cesser de s'excuser d'exister, ce que son père avait fait toute sa vie. Et comme s'il était trop beau pour elle, ma mère n'osa pas s'installer dans le monde de petite-bourgeoisie intellectuelle qu'elle allait pourtant découvrir avec son métier.

Chaque jour, dans son collège, elle côtoyait d'autres profs qui, en ces années d'après soixante-huit, avaient entre eux les discussions de leur temps. Certains trouvaient qu'il y avait davantage d'idées à prendre chez Freinet que chez Montessori, d'autres que Michel Foucault y était allé fort, hier soir sur France Inter, et avait bien rivé son clou à tel représentant du conservatisme. D'autres encore estimaient que ce petit Serge July avait bien raison de se payer le même salaire que sa secrétaire dans ce nouveau et sympathique journal appelé *Libération*. Ils collaient des logos « nucléaire non merci » sur leur cartable, leur 4L rouge ou leur 2CV vert pomme, pensaient parfois que tout n'était pas si mauvais dans le maoïsme, et se tâtaient pour savoir s'ils iraient ou non défiler à la prochaine manif contre l'une ou l'autre oppression fasciste. Ma mère participait aux conversations quand elles restaient sur le terrain pédagogique – et encore y mettait-elle une modestie timide sans rapport avec ses compétences réelles, puisque sa hiérarchie la considérait comme l'une des meilleures profs de la ville, et que les proviseurs enfreignaient même la carte scolaire pour lui confier les élèves en difficulté, qu'elle savait comme personne rassurer et faire progresser. Mais dès qu'une discussion débordait du strict cadre enseignant elle se censurait, estimant qu'elle « n'y connaissait rien en politique ». Et elle ne criait bien sûr pas sur les toits que, dans ce bouillonnement de modernité et de révolution des mœurs, elle n'avait pas le droit de conduire sa voiture.

Mon père le lui interdisait pour plusieurs raisons. D'abord elle allait l'abîmer, forcément. Si aujourd'hui encore, en dépit de toutes les statistiques, les hommes prétendent que les femmes conduisent mal, il va sans dire qu'un macho d'il y a quarante ans en était encore plus convaincu. Et puis surtout, dans une ville de quinze mille habitants, sans voiture, vous ne faites rien. Pour aliéner sa bonne femme et être sûr qu'elle ne peut prendre aucune initiative sans son seigneur et maître, c'est parfait. Les courses ? Pour certaines femmes dominées par leur mari, c'est un moment de répit, où souffle un léger zéphyr de liberté. Monsieur ne s'abaisse pas à choisir barils de lessive et détergents à vitres, il reste donc devant la télé et fout la paix à Madame qui, en rusant, peut même se débrouiller pour retrouver des copines au salon de thé de la galerie marchande. Il y a aussi le cas où Monsieur accompagne, mais attend au bar devant le supermarché. Ou même installé dans la voiture, une horrible « Gitane » au bec, dont les relents sur la moleskine des banquettes donneront des haut-le-cœur à sa progéniture. Ce régime du gars qui emmène bobonne à Prisu et qui l'attend devant n'était certes pas la règle majoritaire à l'époque de mon enfance, mais enfin c'était quand même assez courant. Pour ma mère, il n'y avait même pas ce répit-là. Mon père l'accompagnait *dans* le magasin. Il ne touchait pas un article, ne poussait pas le caddie, ne nous surveillait pas mon frère et moi : il surveillait ma mère.

Un jour où mon père était absent, ma mère brava l'interdiction. Elle empoigna les clés de la Renault que nous avions alors et partit pour je ne sais plus quelle urgence. Mais au moment de revenir vers la maison, l'auto refusa de démarrer. Ma mère paniqua : c'était la pire tuile qui pouvait lui arriver, elle allait se faire prendre la main dans le sac, elle échafaudait déjà un scénario de justification, puis le moteur vrombit soudain sans prévenir, la voiture fit un bond, et un clignotant avant se cassa contre le pare-chocs de l'auto stationnée devant. Quand mon père rentra le soir, ma mère, la gorge serrée et prenant sur elle pour se composer un visage, joua la surprise : un clignotant cassé, ah bon ? Étrange... Un garnement avait dû vandaliser notre cher véhicule sur le parking de notre immeuble, il n'y avait pas d'autre possibilité. Le bobard fut avalé, et ma mère poussa un ouf intérieur de soulagement aussi grand que lorsqu'un médecin vous annonce que, finalement, la méchante tumeur qui vous inquiétait tant n'est qu'une grosseur bénigne.

Mon père était aussi seul détenteur du chéquier et de la carte bleue. Ils avaient un compte commun, alimenté par leurs deux salaires, mais côté dépenses ce compte était à l'usage exclusif de mon père. Ma mère gagnait autant que lui, elle ramenait même les premières années la totalité de l'argent du ménage puisqu'elle travaillait déjà et mon père pas encore. Mais depuis toujours, mon père monopolisait les moyens de paiement. Ma mère devait lui demander un billet pour aller chez le coiffeur. Et, n'ayant pas le droit de conduire la voiture, elle ne voyait presque jamais sa famille à elle, en premier lieu son père, qui habitait pourtant à moins de dix kilomètres. Un jour, je me suis rendu compte que pour parler de mes grands-parents paternels je disais « mes grands-parents » ou « ma famille », tout court. Pour parler des parents de ma mère, je disais « mes grands-parents italiens », comme si c'était déjà plus lointain.

Mon père avait failli réussir son coup.

8.

Little Italy

J'ai donc peu de souvenirs de mon grand-père maternel. Il a pourtant vécu plus longtemps que mon père, dont je me souviens hélas très bien. Mais la banlieue à Ritals où il habitait était pour nous zone interdite. C'est mon père qui appelait ainsi ce quartier HLM, effectivement habité surtout par des Italiens, et pour une fois j'avais repris l'expression à mon compte – mais parce que je l'entendais différemment. Moi, je disais « Rital » sans aucun mépris, c'était même affectueux : j'appartiens à la génération où s'est produit ce basculement, de l'insulte comme au temps de l'enfance de ma mère, vers un mot au contraire identitaire et sympathique. La chanson de Claude Barzotti puis les mémoires de Cavanna, dont le premier tome s'appelle justement *Les Ritals*[1], y furent pour beaucoup. Mon père, en

1. À propos de l'origine du mot, Cavanna parle d'une abréviation administrative, « R-Ital », pour « résidents italiens » ou « réfugiés italiens ». Je n'ai pas pu recouper cette info, et tout Wikipédia s'écharpe à ce sujet.

retard d'une guerre, ne l'avait pas compris, et pensait sans doute avoir réussi à me former le goût sur ce point.

Or donc, on n'allait presque jamais chez mon « grand-père italien », parce que mon père nous l'interdisait. Lui n'avait pas le droit de venir chez nous non plus. Ma mère, mon frère et moi nous y rendions donc plus ou moins en cachette, profitant de ce que mon père était au boulot et avait, pour une fois, oublié de relever le compteur de la voiture (parce que oui, il faisait ça, pour vérifier si ma mère l'avait utilisée en douce). Ou bien une de mes « tantes », que ce soit une sœur de ma mère ou une de ses nombreuses cousines, passait nous prendre. Ce qui faisait un assez grand nombre de chauffeurs potentiels car, dans les familles italiennes, du moins à l'époque, le concept d'oncles, tantes et cousins-cousines était plutôt large. Et même sans cet abus de langage, mes deux grands-parents maternels ayant chacun six à huit frères et sœurs, eux-mêmes mariés et prolifiques, ça donnait à ma mère une bonne soixantaine de cousins au bas mot. Du coup on ne faisait pas de détail, tout le monde était « tonton », y compris un pauvre paysan lombard vaguement cousin d'une aïeule, et qui se trouvait avoir gravi un à un les échelons ecclésiastiques jusqu'à occuper le trône pontifical sous le nom de Jean XXIII.

Dès la montée en voiture, c'est donc dans un réjouissant climat d'italianité qu'on filait vers ce quartier nommé Saint-Paul. Pour couronner le tout, de ce côté-là de la famille, l'automobile en question était souvent une Fiat, ou bien une Alfa si le tonton avait réussi, ou pour les dames une petite Innocenti rose, équivalent transalpin de la Mini Cooper. Parfois même, un très élégant film plastique vert-blanc-rouge recouvrait le haut du pare-brise en guise de pare-soleil, quand les trois couleurs garibaldiennes n'habillaient pas carrément les housses de sièges. Certains oncles poussaient le *total look* jusqu'à ne posséder pour leur radiocassette que des compils des « plus belles chansons italiennes », et c'est au son d'*Arrivederci Roma* ou d'*Un Italiano Vero* qu'on rejoignait la zone honnie par mon père, un quartier champignon en bordure de cheminées d'usines, à même pas vingt minutes de chez nous.

Et en matière de quartiers-champignons, Saint-Paul était vraiment un de ces mousserons express sortis de terre comme par magie après la pluie. À peine vingt-cinq ans auparavant, vers 1950, il n'y avait là qu'une grosse ferme au milieu des champs : la « ferme Saint-Paul », d'où le nom. L'exploitation agricole en question ne se trouvait séparée de la vallée, et d'une usine métallurgique sise tout au fond, que par un petit bois en pente. Du jour où une route fut ouverte à travers le petit bois, Saint-Paul vit s'ériger une enfilade de belles barres HLM bien propres, qui sacrifièrent à la tradition alors naissante des « adresses coordonnées ». La commune échappa cependant à la thématique « faune et flore » si répandue ailleurs, et qui allait se révéler involontairement ironique au milieu du béton. Saint-Paul ne connut donc pas d'allées « des myosotis », « des roses » et « des lilas », pas plus que « des pinsons », « des fauvettes » ou « des canaris ». Plus modestement, le mini-Sarcelles local fut hydrographique, et il écopa de rues « de la Moselle », « de la Loire » ou (c'était inévitable) « de la Sambre » et « de la Meuse ». En 1960 ça faisait quatre mille habitants, presque tous italiens, sinon polonais. En 1970 arrivèrent les Algériens et les Portugais, en 1980 les usines commencèrent à fermer, puis le quartier à se dégrader et les gens à partir.

Depuis, les barres ont été murées, puis squattées, puis rasées, et par la même occasion l'église d'architecture futuriste passa aussi à la pelleteuse – on réalisera dans vingt ans qu'on aurait dû la conserver, ce sera trop tard, le problème n'est pas nouveau mais la réflexion n'a semble-t-il pas avancé depuis l'affaire, à Paris, des Halles de Baltard. En Lorraine industrielle, il est vrai que la fantaisie des architectes s'exerça surtout au moment du flot d'argent des Trente Glorieuses, ce qui nous valut des monuments pas précisément appréciés aujourd'hui : des chapelles « mon curé chez Star Trek », des maisons de la culture « Heidi *meets* Le Corbusier », ou des superstructures en plastique orange et aluminium à la Paco Rabanne sur des places d'armes Louis-XIV. Certaines de ces réalisations, pourtant, furent assez réussies, ce qui ne les sauve pas toujours, une mode et une majorité municipale chassant l'autre. Les démolitions aidant, les immeubles du quartier

Saint-Paul quant à eux laissent place peu à peu à des champs, pour l'instant pas encore transformés en zone commerciale ni en bretelle d'autoroute. La maison où sont nées ma mère et ses trois sœurs est, elle, encore debout, peut-être à titre de monument historique puisqu'il s'agit justement de la « ferme Saint-Paul » elle-même, dont l'un des bâtiments avait été transformé en appartements tout juste après la guerre.

Comme tout ce qui est défendu, ces escapades saint-paulaises chez mon pépé rital avaient un parfum merveilleux. D'abord un parfum de café. De *vrai* café, confectionné avec la cafetière italienne à pression, la seule et l'unique digne de ce nom. Un véritable objet d'art, en acier taillé à la serpe avec des angles partout – il y avait aussi une version ronde mais elle avait moins de succès car ce n'était pas *l'autentica*. Ronde ou anguleuse, le principe est le même : on la met sur le gaz, ça fait de la vapeur, ça sent la boutique de torréfacteur dans tout le quartier. Sur la fin ça siffle comme un transatlantique avec aussi un glouglou de lavabo qui se vide, c'est le café qui monte dans le compartiment du dessus, c'est presque prêt, la maîtresse de maison sort les tasses, format riquiqui *naturalmente*, ce n'est pas pour rien qu'*espresso* et *ristretto* sont des mots transalpins. Le rituel, avais-je remarqué, suivait même une tension dramatique *crescendo* d'opéra italien : après tout on ne sait jamais, avec tous ces bruits inquiétants le machin peut très bien nous exploser à la figure, on a un peu peur, c'est généralement le moment que choisit un oncle pour raconter une histoire épouvantable de voisine ébouillantée – mais non, à la fin tout s'apaise dans une récompense odorante, *commedia e tragedia* garanties au dessert de chaque repas.

À Saint-Paul, il y avait aussi parfois dans la cuisine des pâtes fraîches, en général des tagliatelles, qui séchaient au plafond, pendues sur des fils. Toute ménagère qui se respectait achetait alors, bien que ce soit hors de prix, le petit laminoir à manivelle en métal chromé de marque « Alessi » qu'un commerçant du marché, le même qui vendait les cafetières, importait exprès d'Italie. On bourrait la boule de pâte d'un côté, les pâtes sortaient de l'autre, spaghettis, tagliatelles ou linguines selon la grille choisie. Quand on n'y mettait pas de grille du tout, cette machine extraordinaire produisait une grande feuille de pâte toute plate, signe que la mamma préparait des lasagnes, jour de fête et de calories sans regrets. J'ai encore quelques grands-tantes qui en cuisinent parfois pour le déjeuner du dimanche, évidemment en quantité de cantinière pour régiment de chasseurs alpins, s'il n'y en a pas quatre fois trop elles sont frustrées. Rien qu'à l'odeur de la tomate et du parmesan en arrivant dans la cage d'escalier, même les tantes coquettes jetaient aux orties toute idée de régime. Depuis ça, je ne prends jamais de lasagnes au restaurant de peur d'être déçu, et je n'aime pas le café fabriqué autrement que dans la cafetière à pression.

Donc, Saint-Paul, c'était mon *nonno*[1]. Déjà, je le trouvais beau. Il se gominait en arrière et se rasait encore, en ce début d'années quatre-vingt, avec le même coupe-chou qu'employait quarante ans auparavant mon autre grand-mère sur les Allemands de l'Occupation – et cette grande lame luisante me faisait penser à un couteau de boucher ou d'égorgeur psychopathe. Pas de bombe de mousse, alors que ça existait déjà, mais à l'en croire ça ne valait pas le blaireau et le bol de savon, qu'il touillait à grands gestes avec des moulinets du poignet et un « schlorps » qui nous faisait rire mon frère et moi. Mon grand-père portait aussi, douze mois par an, une casquette de voyou d'avant guerre, des gilets en velours côtelé, et surtout un marcel qu'il appelait « tricot de peau » et qu'on devinait par transparence sous sa chemise blanche, selon une tradition mystérieuse et pourtant bien établie alors. Même pomponné de frais, il avait les joues bleues tellement son poil était noir, sur un teint pain d'épice de montagnard dont les parents s'étaient tanné le cuir à garder les chèvres ou repiquer le riz dans la plaine du Pô – ses parents qui, un jour des années vingt, avaient décidé de venir tenter leur chance de ce côté-ci de la frontière. L'ensemble donnait à mon grand-père le chic populaire d'un Charles Vanel, et je le retrouve quand, aujourd'hui, je regarde les passants de plus

1. « Grand-père », en italien. En tout cas, dans le patois parlé à la maison, en italien normal je ne sais pas, l'italien pratiqué tous les jours dans la péninsule et parmi la diaspora ayant la caractéristique de changer tous les vingt kilomètres.

de cinquante ans dans les villages d'Espagne ou de Turquie. Il avait grandi en France, fréquenté un peu l'école, puis commencé à travailler à dix ans, à l'usine déjà puisque dans ces coins-là travailler c'était l'usine. Il parlait aussi couramment français qu'italien, mais dans la conversation ordinaire c'était un mélange des deux, comme j'entends les Arabes de France le faire aujourd'hui. Et de toute façon il ne se posait pas ce genre de questions, étant le prototype du gars « qui prend la vie du bon côté ».

Ce phénomène de bonne humeur réussit même à avoir, un jour, une mort qui lui ressemblait.

Un après-midi d'avril, ma mère reçoit un coup de fil. On lui demande si elle est bien Madame née Danièle Galbani, fille de Luigi Galbani, tel âge, domicilié dans telle commune. Oui, c'est bien elle. Madame, j'ai le regret de vous annoncer le décès de votre père, victime ce matin d'un infarctus en pleine rue : lorsqu'on nous l'a amené aux urgences il était trop tard. Ma mère est effondrée – elle adore son père – mais pas surprise, le cœur de mon grand-père donnant depuis longtemps des signes de faiblesse. Elle prévient la famille, ses sœurs tout d'abord, puis les tantes, oncles et cousins, qui commencent à affluer. Le temps de commander ce qui doit l'être avec les pompes funèbres il se passe vingt-quatre heures, et une partie de la *famiglia* s'est déjà réunie à Saint-Paul lorsque échoit à ma mère, fille aînée, la tâche de reconnaître le corps à la morgue. On ouvre le tiroir… et il se trouve que ce n'est pas lui.

Consternation. Une des sœurs de ma mère, enceinte de huit mois, s'évanouit, les autres n'en sont pas loin, et on s'interroge. Erreur de tiroir ? Même pas. Le mort s'appelle bien Luigi Galbani, il a le même âge, la même maladie, habite le même quartier et, chose la plus extraordinaire de toutes, on n'en avait jusque-là jamais entendu parler !

Survient alors une nouvelle question : puisque le mort n'est pas « le bon », où est donc mon grand-père ? Voilà maintenant soixante-douze heures qu'on ne l'a pas aperçu. La réponse arriva d'elle-même peu après, en la personne de l'intéressé débarquant chez lui sur son vélo. Étonné de voir toute la famille réunie, il demanda ce qui se passait, et on lui apprit qu'on était venu pour son enterrement. C'était pourtant tout le contraire qui lui était arrivé puisque, comme il fut forcé de l'avouer, alors veuf de ma grand-mère depuis déjà quelques années, il venait de passer ces trois jours, dans le plus grand secret, chez une dame du quartier qui soupirait depuis longtemps devant ce voisin si élégant et sympathique…

Ce genre de vaudeville était apparemment une spécialité familiale bien ancrée. Premier-né d'une grande fratrie, mon grand-père était en effet doté, en bout de lignée, d'une toute jeune sœur prénommée Rita. Âgée de dix-sept ans à la fin des années cinquante, celle qui serait un jour ma grand-tante faisait office, chaque samedi, de baby-sitter pour ma mère et mes tantes, ses nièces donc. Mes grands-parents

Luigi et Gina en profitaient pour aller ce soir-là rituellement au cinéma, voir un Bourvil ou un Fernandel, et en échange ils payaient à la jeune fille une séance le mercredi soir suivant, où son cœur soupirait devant les aventures de Jean Marais. Mais, comme il n'est alors pas concevable qu'une adolescente se rende seule le soir au cinéma, on l'affublait d'un chaperon en la personne d'un cousin éloigné, encore célibataire bien qu'ayant passé les trente ans, et que tout le monde appelait Netto puisqu'il se prénommait Maximilien, selon la logique très particulière des diminutifs italiens[1]. Quelques mois plus tard, comme de bien entendu, la jeune Rita était enceinte de celui-là même qui était censé protéger sa vertu. On les maria, et ce fut le meilleur des ménages, les deux filant le parfait amour jusqu'au décès du mari, qui vécut centenaire...

*

Dans ma famille italienne, ce sens du comique avait hélas épargné ma grand-mère. Je ne l'ai pas connue mais, de l'avis général, si mon grand-père était une crème, chez sa femme la crème avait tourné à l'aigre. Lui était du genre à partir à la chasse sans jamais rien ramener, parce qu'il n'aimait pas tuer des lapins. Le genre aussi à faire semblant de ne pas voir que le voisin lui volait des légumes

1. Maximilien, ou plutôt Massimiliano, donne en effet Iano, donc Nono, d'où Nonetto, qui finit par devenir Netto. Il n'y a pas à discuter, c'est comme ça.

dans le potager, parce que le voisin avait plein de gosses et pas un bon travail, *porça miseria*[1]. Ma grand-mère maternelle, elle, était du point de vue de l'amabilité une sorte de version sauce tomate d'Elena Ceausescu. Italienne également, arrivée elle aussi toute petite, elle avait rencontré mon grand-père à la fin des années trente dans la Lorraine industrieuse où avaient atterri leurs familles respectives quinze ans auparavant. Leurs parents venaient du même village, et ça n'était pas un hasard étant donné la manière dont fonctionnait l'immigration à l'époque.

En ce temps-là, il y avait d'abord un « pionnier », célibataire, qui tentait l'aventure. Il passait les Alpes on ne sait comment, puis trouvait un boulot en France, *« où che dou travail, tellément qu'ils en ont che lor z'ouvriers, ils les payent bien, tou comprende, che sinon gli z'ouvriers, tout d'souite ils changent dé patron pour une migliore »*. Le gars, donc, se faisait une place à l'usine, puis écrivait à la famille restée en Italie, ou faisait écrire quand lui-même ne savait pas le faire. On obtenait de l'usine un certificat, attestant que les Grandes Entreprises Métallurgiques Réunies du Baron Untel se proposaient d'offrir du

1. Juron traditionnel italien. Mais le mot *miseria*, « misère », qui donne *miserie* au pluriel, me fait toujours irrésistiblement penser à la blague favorite de mon grand-père Luigi : « Quand on est arrivés en France, nous les Italiens, on venait pour fuir la misère, et qu'est-ce qu'on a vu sur le premier magasin de vêtements en sortant de la gare ? Chemiserie ! *Che miserie* ! Ici, ils l'écrivent même sur les murs ! »

travail à X hommes valides, certificat qui facilitait grandement les démarches. Et, à la fin, des familles entières débarquaient un beau matin d'un wagon de troisième classe, après vingt-quatre heures de voyage minimum, avec dans chaque main une valise bourrée de pas grand-chose, puisque finalement ils n'avaient rien à emporter. Les parents conserveraient à vie l'accent reproduit ci-dessus, les enfants n'en auraient aucun, et les futurs petits-enfants, parfois, ne parleraient même plus italien[1].

Ma grand-mère maternelle avait les yeux bleus. Pour une Italienne venue comme elle de l'extrême nord de la botte ça n'était pas si rare, mais enfin ça n'était quand même pas courant non plus. Elle en jouait au maximum, pour faire la dame et bien montrer qu'elle n'était pas, elle, une immigrée lambda. Coup de chance, elle avait aussi une tante riche qui lui donnait ses chapeaux et ses manteaux de fourrure à peine défraîchis, ça faisait donc parfaitement illusion. Et même si, côté cuisine, ma grand-mère était résolument *« salame, asti spumante, polenta* et *montebianco »*, elle gommait autant que possible son italianité dans tous les autres domaines. Je traduis pour les non-initiés toutes ces merveilles, puisque je me suis rendu compte avec stupéfaction en quittant ma Lorraine spaghettis que les « Français de l'intérieur », comme disent les Alsaciens pour désigner le reste de la France, ne les connaissent pas

1. De tous mes grands-oncles seul Netto, plus âgé que les autres, parlait avec un accent prononcé.

forcément. D'abord, le *salame* est un excellent saucisson géant, qui peut faire soixante centimètres de long sur dix de diamètre. La Rolls des charcuteries, aussi éloigné du salami « danois » des supermarchés qu'un Château Margaux 1975 l'est d'un pack de *Villageoise*. Se mange en entrée, coupé en tranches extrêmement fines : il n'y a guère que les Français pour couper la charcuterie en rondelles épaisses comme des steaks, l'Italie est au contraire le pays de la chiffonnade et des tranches *sutillissime* – littéralement « très subtiles ». L'*asti spumante* est quant à lui ce vin blanc pétillant que savent apprécier les clients des bonnes pizzerias, et le *lambrusco* sa très amusante et populaire version rouge : du lambrusco on dit que c'est un vin *frizzante*, qui frise, ce qui, enfant, me faisait rire. Quant à la *polenta,* bien que je l'adore avec les viandes en sauce, elle me laisse aujourd'hui encore de cuisants souvenirs. Rétive à toute forme de modernisation agroalimentaire, cette célèbre bouillie de maïs doit en effet être touillée sans cesse à la cuisson, sinon elle attache au fond. Or, même à petit feu, des bulles d'air chaud crèvent la surface, ça fait un geyser, des morceaux de semoule brûlante jaillissent partout dans la cuisine, puis atterrissent comme un fait exprès dans le cou ou sur les avant-bras du touilleur. Il existe désormais une polenta à cuisson rapide, on ne souffre qu'un quart d'heure au lieu de trois mais on se brûle quand même. Enfin, le *montebianco* (je crois que c'est une marque) est une brioche très fine saupoudrée de sucre glace, équivalent chic du *pannetone* aux fruits confits qu'on trouve maintenant en

France pour Noël. On le déguste avec le café, ou avec la *grappa*, un alcool fort, ou avec la grappa dans le café, mais on ne trempe surtout pas son bout de montebianco dans le café, ça fait français, et c'est bien le seul moment au monde où les immigrés italiens de l'époque essayaient, pour une fois, de ne pas faire français. Fin de l'entracte ethnico-culinaire.

Malgré ce sympathique portrait folklorique, ma grand-mère Gina était aussi une femme qui, pourvue de quatre filles, s'était crue à la tête d'un élevage. Bien que vivant sur un parfait pied d'égalité avec son mari, elle concevait l'éducation de ses filles comme le formatage de futures ménagères, dont le but ultime devait être de faire un « beau mariage ». Sous-entendu : un mariage avec un Français, un vrai, pas un Mario à moustache avec casquette et musette, un moins-que-rien ouvrier d'usine comme son mari. Ce type de raisonnement était paradoxal de sa part, puisqu'elle n'avait pas à se plaindre de sa crème d'homme, qui était fou amoureux d'elle – et c'était sûrement réciproque même si elle ne le montrait pas. Mais elle devait tout de même se sentir frustrée. Peut-être qu'elle trouvait qu'elle méritait mieux, ou bien que ses filles méritaient mieux qu'elle ? Toujours est-il que dans son esprit, « mieux » signifiait « pas italien ». Et surtout ce « mieux », c'était à elle d'en décider à la place des principales intéressées, dont elle n'a jamais sollicité l'avis ni sur cette question ni sur aucune autre. Pourtant elle était plus moderne d'aspect que la plupart de ses voisines, plus élégante, sans accent, elle avait même le permis de conduire et c'était l'une des seules du quartier. Mais côté mœurs, régime sicilien. Les filles, ça se dresse, ça se marie, et ça s'oublie. « Comme chez le plus bas des Italiens de la basse Italie », pour reprendre une phrase qui avait cours alors dans la diaspora. Ma mère est la seule des quatre filles sur laquelle Gina put exprimer pleinement ses principes éducatifs ; moyennant quoi elle fit un mariage catastrophique, au contraire de ses trois sœurs.

Pour ses filles, ma grand-mère avait choisi des prénoms chics. Et bien sûr, des prénoms très français. Comme presque tous les immigrés de ce temps-là, elle n'avait pas de priorité plus urgente que de se fondre dans la masse, par conséquent elle ne parlait italien que dans l'intimité, et dès la première génération à naître sur le sol bleu-blanc-rouge il s'agissait de mettre aux oubliettes les Mario, les Donatella et les Giancarlo, considérés comme empestant le parmesan. Elle, donc, s'appelait Gina. Mais elle était bizarrement devenue « Ginette » à l'état civil français quand, en 1932, toute sa famille fut naturalisée après dix ans de résidence en France par un décret du président Albert Lebrun ; beau diplôme officiel gardé précieusement dans le buffet familial entre deux feuilles de papier calque, plutôt qu'accroché sur un mur où il aurait pu se salir. Cette « adaptation » des prénoms était alors la règle, un peu à la fantaisie de l'employé de mairie sur lequel on tombait. Mon grand-père Luigi était ainsi, pour l'état civil, « Monsieur Louis Galbani ». Les Ottavio devenaient « Octave », et les Nina « Ninon », seuls les intransposables Mario, Bruno ou Italo restaient tels quels. Et même pour les noms de famille, je connais des Camozzo devenus « Camoseau », et des Benozzi transformés en « Bénosy ». Les intéressés s'en trouvaient le plus souvent fort satisfaits, mais cette volonté d'intégration n'empêcha pas le régime de Vichy de vouloir y revenir : il décida un jour de « dénaturaliser » quiconque avait acquis de trop fraîche date à ses yeux la qualité de Français. Dans la pratique, cette mesure visa beaucoup les juifs d'Europe centrale et peu les Italiens, les collabos craignant de se mettre à dos l'Italie fasciste, pays vainqueur qui lorgnait sur Nice et la Corse, et qu'il valait mieux ne pas contrarier. Enfin on ne savait pas trop si ça la contrarierait, ou si au contraire Mussolini serait content de récupérer ces brebis égarées, ouailles qui en même temps étaient plutôt mal vues de Rome puisque ayant décampé, bref c'était compliqué. Toutes ces considérations échappèrent, cela va sans dire, au commun des naturalisés qui eurent tous, pendant les quatre ans de l'Occupation, une source supplémentaire d'angoisses.

Inutile de dire que si, avant comme après guerre, mon grand-père se fit toujours appeler indifféremment Louis ou Luigi, de Gina au contraire on n'entendit plus beaucoup parler. L'intéressée était trop heureuse d'écoper de ce « Ginette » si franchouillard, vraiment elle n'aurait pas pu mieux tomber. Pour ses filles, il s'agissait d'aller encore plus loin. Pourquoi ne pas s'inspirer de vedettes de cinéma, bien françaises naturellement ? Mais attention, pas des Brigitte Bardot ou des Martine Carol dévergondées, à moitié nues dans un film sur deux. Il fallait des actrices chics, des vraies dames. Ma mère, première de toute la famille à naître à la fois française et en France, fut donc appelée Danièle, comme Darrieux. Et ses trois sœurs Micheline (Presle), Edwige (Feuillère) et Michèle (Morgan). On n'a jamais vu Edwige Feuillère ou Michèle Morgan nues, ni secouant leurs cheveux pour aguicher les hommes comme des filles des rues. Jusque dans *Le Blé en herbe*, où elle déniaise un jeunot même pas majeur, Feuillère reste habillée, c'est dire. Quatre filles, toute une génération francisée d'un coup, une bonne chose de faite. Restait à les marier.

Avec les trois cadettes, il y eut un problème. C'est qu'une cadette ça désobéit ! Ça monte sur le porte-bagages de la mobylette des garçons, et ça va fumer derrière le mur de l'église, même pas de respect pour la religion. Et puis apparemment, la bascule des années cinquante aux années soixante changea beaucoup de choses, et les trois plus jeunes connurent une époque plus favorable aux rébellions. Ou alors ma mère était d'un caractère plus malléable. Ou les deux. Quoi qu'il en soit Danièle, en plus d'être l'aînée, était également bonne élève, gentille, serviable à la maison, bref : pas aidée. En tout cas mal armée pour se comporter comme on devrait le faire avec une mère pareille, à savoir l'envoyer un peu, de temps en temps, sur les roses. Donc, le premier garçon que Danièle embrassa, on la fiança avec. Et quand on se fiance, on se marie. Point. Ma mère avait été prénommée en hommage à une star dont un des plus grands films de jeunesse s'intitule *Premier rendez-vous* : le destin avait frappé.

Le destin encore : ma mère et mon père portaient le même prénom. Comme Claude Brasseur et Brigitte Fossey, alias François et Françoise, adorables parents de Sophie Marceau dans *La Boum*. Quand mes amis de l'époque trouvaient que, dans le film, le procédé est quand même un peu gros, que ces coïncidences-là n'arrivent jamais, je leur parlais de mes parents. Mais là s'arrêtait la comparaison, mon père n'ayant rien de commun avec le personnage de Brasseur, amoureux, moderne et gentil. Sans égaler non plus le superbe Louis Jourdan de *Premier rendez-vous,* mon père avait cependant tout du jeune premier : depuis les dents blanches jusqu'à la silhouette avantageuse, en passant par les chaussures de prix et les vestes bien coupées. C'était un des camarades de lycée de ma mère, un peu plus âgé qu'elle car pas franchement motivé par ses études, et plus habitué aux redoublements qu'aux bulletins élogieux. Lorsqu'ils se rencontrèrent, il était ainsi plus proche du radiateur que du premier rang. Ce genre de détail compte peu pour une jeune fille lorsqu'elle regarde un beau garçon, mais rebute davantage une mère. L'obstacle devient cependant très surmontable sitôt que d'autres conditions sont réunies. Sociales et financières, par exemple. Donc, dès que Gina/Ginette eut vent de l'histoire naissante (et qui aurait très bien pu en rester là), elle arrangea tout comme un mariage d'intérêt du XIXe siècle.

D'abord, se renseigner sur le jeune homme, et sur ses parents. Et alors là…

Ça a dû être comme si ma grand-mère avait gagné au loto. Déjà, son futur gendre était blond, et ce détail allait plaire autant à Gina qu'il avait depuis toujours enchanté Odette. À cette époque, il arborait une brosse bien propre et dégagée derrière les oreilles – il laissera s'épanouir un peu plus de boucles folles au fur et à mesure que les années soixante avanceront, mais tout en restant dans les limites du bon ton. Et ses parents ! Mon grand-père paternel Marcel était devenu contremaître, et de ce fait naviguait bien au-dessus du monde de Ginette et de Saint-Paul en général. Il n'était quand même pas ingénieur, ç'aurait été trop beau, mais avait des primes et un statut spécial qui lui en donnaient pratiquement le grade. Rien à voir avec le temps, quinze ans auparavant, où il était entré dans la métallurgie par la toute petite porte, après avoir dû renoncer à ses rêves militaro-coloniaux.

Sans l'aide de personne, Marcel était même devenu LE contremaître. Un homme indispensable, à la croisée des chemins entre les ouvriers et les grands patrons, connu pour débloquer toute situation autant technique que sociale. Faut-il briser une grève ? Remettre dans le droit chemin une coulée de fonte qui part de travers ? Les directeurs de l'usine appelaient immédiatement M. Marcel, qui fait merveille en pareil cas. En récompense, ils lui réservaient même un privilège dont aucun autre de ses collègues ne bénéficiait : ils lui prêtaient chaque été une de leurs belles villas, dans la pinède du Touquet ou du Cap d'Antibes. Quitte à l'y envoyer chercher en cas d'urgence par leur chauffeur personnel, dans une impressionnante DS noire qui me faisait un peu peur. Vu de Saint-Paul-la-Populeuse, il n'y avait donc pas à réfléchir : le fils d'un homme pareil était un excellent parti. Et puis Marcel était le chef direct de mon grand-père maternel et de plusieurs de mes oncles côté italien, Netto y compris – Netto qui ne l'aimait pas parce que Netto était à la CGT et Marcel pas précisément du même bord. Physiquement, mon grand-père avait aussi acquis avec sa fonction un air intimidant, que j'appelais en cachette « Jean Gabin n'est pas content ». Une physionomie que j'avais eu le temps d'étudier et de craindre car il l'arborait toujours, des années plus tard, alors que j'avais sept ou huit ans et qu'il avait pourtant fait valoir ses droits à la retraite. Au seuil du très grand âge seulement, ce masque s'éclairera parfois de précieux demi-sourires et de coups d'œil malicieux – comme lorsqu'il trichait à la belote et qu'il voyait très bien que je le laissais faire. Mais dans les années soixante Marcel se gardait bien de ce genre de fantaisie, et ne quittait jamais la figure que prend Gabin dans les films de gangsters quand, au bord de l'explosion, il terrorise l'acteur qui lui donne la réplique : une colère à mi-voix, mâchoires serrées, l'œil bleu glacé qui fusille l'adversaire. Je ne sais pas si Marcel avait pris le grand comédien comme modèle ou si c'était inné, mais de fait c'était lui le patron, et il faisait ce qu'il faut pour qu'on ne l'oublie jamais.

Marcel et Odette détenaient aussi tous les signes matériels de la réussite et de la richesse. Ils avaient le téléphone, quand à Saint-Paul on descendait appeler à la cabine ou au café du coin (et encore dans les grandes occasions, sinon pourquoi téléphoner : tous les gens qu'on connaît habitent le quartier). Et puis ma famille côté français possédait aussi une grosse voiture américaine, quand mon grand-père italien était déjà bien content d'avoir pu acheter une 2 CV d'occasion. Les premiers temps Luigi n'avait même qu'une moto, sur laquelle ils montaient à quatre : lui conduisant, ma grand-mère collée derrière sur la selle, ma mère sur le porte-bagages et ma petite tante Micheline à cheval sur le réservoir.

Mes grands-parents français avaient de plus la chance d'habiter une maison immense, en pierre de taille, dont ils étaient propriétaires, et avec un hectare de terrain autour. Et puis du marbre partout, et des grandes fenêtres, du chauffage central et du parquet « Versailles » – je me plais d'ailleurs à imaginer que c'est en découvrant ce nom ronflant dans un catalogue de menuiserie chic qu'Odette et Marcel s'étaient décidés précisément pour ce modèle-là. Dans leur belle villa, ils avaient aussi un salon de billard, et deux salles de bains design qu'on aurait crues sorties d'une publicité pour savonnette avec au moins Elizabeth Taylor dans la baignoire et trois mètres cubes de bain moussant rose. Ce décor de rêve avait pour cadre un petit village résidentiel, un peu éloigné du centre, bien protégé des fumées de l'usine.

Enfin, il y avait le principe de rareté. On a du mal à réaliser aujourd'hui à quel point, à l'époque, un simple contremaître assimilé ingénieur, dans une région comme celle-là, était le roi du pétrole. Pas seulement parce que le salaire était bien plus décent, mais aussi parce que ce bon salaire vous sortait ostensiblement de la valetaille, avec laquelle vous n'aviez plus davantage de points communs qu'une duchesse avec sa femme de chambre. Être un peu riche, c'est déjà bien, mais être un peu riche au milieu d'un océan de pauvres, c'est beaucoup mieux. Ne serait-ce que pour construire une grande maison, justement : la main-d'œuvre ne coûte rien, avec tous ces Italiens d'accord pour manier la truelle après le boulot et pour pas cher, surtout s'il s'agit de travailler pour la famille du chef. Les matériaux ne coûtent pas grand-chose non plus, puisque les surplus de l'usine se revendent à perte sur tous les chantiers. Il reste donc largement assez à la fin du mois pour vivre sur un grand pied : outre la Buick qui avalait ses vingt litres aux cent, mon grand-père contremaître payait à sa femme des manteaux de prix, à ses fils des panoplies de jeune homme chic, et faisait planter dans son jardin des cèdres du Liban, des épicéas bleus et des bosquets fuchsia d'herbe de la pampa.

Ma grand-mère maternelle, née Gina Camoletti, mesurait donc parfaitement le grand écart que sa lignée s'apprêtait à faire en seulement deux générations, entre ses parents paysans illettrés descendus des Alpes latines, et cette famille bien française qui vivait dans un quasi-Hollywood.

9.

Mariage d'amour

Noël 69. Voilà donc ma mère mariée. Elle est très belle. À côté de mon père qui ressemble toujours à Steeve McQueen, ma mère est à mi-chemin entre Sophia Loren et Gina Lollobrigida. Quarante-huit kilos pour un mètre soixante, la taille fine, un frais visage aux hautes pommettes, un dessin de sourcils qui sera plus tard celui de Cindy Crawford. Et un 95C qui lui valut d'être élue « plus belle fille de son lycée »... avant de devoir laisser son titre à sa première dauphine sur protestation de son futur mari, déjà peu enclin à la partager.

Sur les photos de son mariage, elle porte une superbe robe-manteau formant houppelande, parfaite pour le froid hiver lorrain, bordée de duvet de cygne tout le long de la boutonnière et du capuchon. Un peu « grande sœur sexy de l'esquimau Gervais », et très chaste cependant. L'œil de biche, dessiné d'un énorme coup de crayon noir sur chaque paupière, tiré bien loin en arrière : Nicole Croisille et Dalida première époque étaient passées par là dans l'imagerie des jeunes filles de la classe populaire. Et les cheveux en chignon, histoire de rejouer la nuit de noces à l'ancienne, quand la fraîche et pure épousée dénoue son opulente chevelure, que le jeune marié découvre pour la première fois en même temps que la nudité de sa promise. Côté opulence capillaire, ma mère avait de quoi, ses superbes cheveux noirs lui descendaient jusqu'au creux des reins. Heureusement, aucun coiffeur n'avait accepté d'abîmer une crinière pareille à coups de décolorations – parce que oui, ma mère aurait voulu être blonde, ou au moins châtain, ç'aurait fait plus français. On n'est pas très malin quand on a dix-huit ans.

Car ma mère avait dix-huit ans. Mon père vingt et un. Ils avaient eu tous les deux le bac en juin de la même année. Ma mère un bac littéraire, haut la main. Mon père un bac technique, de justesse. Mon père avait déjà un peu « vécu », comme on disait pudiquement, en cette époque pas longue mais formidable pour la libido de la jeunesse occidentale mâle, puisque la pilule venait d'arriver, que toutes les MST se soignaient, et que donc on pouvait papillonner d'une partenaire à l'autre sans aucune précaution. Je ne parle bien que de la jeunesse mâle, car pour les filles il n'en était pas question, passer pour une traînée obérant fortement les chances de faire un beau mariage, qui est encore vu comme un passage obligé. De ce point de vue, le risque de tache sur l'honneur familial était nul dans le cas de ma mère, qui la veille de ses noces était toujours envoyée au lit par sa douairière à 20 h 30 précises, une autorisation exceptionnelle n'étant accordée qu'en période de révisions scolaires ou de messe de minuit.

Sur les photos du mariage, ma grand-mère italienne ressemble déjà à une petite vieille. On ne retrouve plus rien du visage de ses propres photos de mariage, vingt ans avant, où on la voyait fine, souriante, pomponnée. En 1969 c'est déjà une grosse dame, petite, enflée, dans une robe noire austère fermée jusqu'en haut, les doigts crispés sur un sac à main noir verni. Elle n'a pourtant que quarante-cinq ans. Ces photos sont bizarres. D'abord l'esthétique met mal à l'aise, parce qu'on dirait que ces gens sont mal à l'aise eux-mêmes, comme s'ils étaient inconfortablement assis entre deux époques. La lumière du photographe est encore très travaillée, avec des effets d'ombre sur des paravents, à l'arrière-plan, comme on faisait depuis la création de la photo et jusqu'aux années cinquante. On sent la volonté de faire « style Harcourt », c'est très léché, un peu froid et très beau. Mais déjà le look vestimentaire est un peu pop, les cols des chemises commencent à devenir pelle à tarte, ça met une once de vulgarité chaleureuse, mais ça la met de travers dans ce cadre impeccable en noir et blanc. Comme si ces gens affectaient un côté « libéré » tout en étant, en fait, coincés dans des schémas sociaux encore très traditionnels. Ce qui résume bien cette époque qui vit se côtoyer, mais de loin, à la fois des communautés de hippies pratiquant l'amour libre et, les regardant mi-dégoûtés, mi-envieux, une immense majorité de la population qui considérait encore qu'une femme qui s'était fait violer l'avait sûrement un peu cherché, et qu'un garçon qui fréquentait les prostituées était quand même bien plus convenable qu'une fille ayant eu des amants avant de se marier.

À l'image Gina – pardon : Ginette – est donc fermée comme une huître dans sa robe blindée. Alors qu'elle marie sa fille, qu'elle a tout fait pour, et que la famille du fiancé est en tout point conforme à ses vœux. Pourquoi une telle grimace ? C'était son caractère ? Quand même, on fait un effort dans ces occasions-là. Mais ce qu'il y a, c'est qu'en fait elle n'est pas vraiment heureuse : elle est débarrassée. Comme quand on est enfin allé chez le dentiste et que ça faisait longtemps qu'on devait. Mon grand-père Luigi, lui, est aussi égal à lui-même, c'est-à-dire qu'il a au contraire l'air franchement sympathique. À peine endimanché : il n'aimait pas se déguiser, de toute façon il était élégant au jour le jour et n'a jamais confondu chic et ridicule. Il a même gardé sa casquette en velours à la main, ça fait ouvrier lui a-t-on fait remarquer, il a répondu qu'ouvrier il l'était et que si ça posait problème c'était le même prix. À bien y regarder, Luigi non plus n'exulte pas franchement, mais lui a des raisons : en cachette de sa femme, depuis des semaines, il demande à sa fille si « elle est sûre de son choix ». Il ne sent pas mon père, et il a le nez creux. Ma mère répond que oui, elle est sûre, enfin elle croit qu'elle est sûre, en fait elle n'est pas sûre du tout mais elle ne le dira jamais, sa mère est sûre pour deux. Si mon grand-père a perçu le malaise, c'est peut-être parce qu'il se souvient de son mariage à lui. Deux fiancés de même niveau social, pas d'arrière-pensées, une noce simple : l'exact contraire de cette cérémonie fabriquée. Et surtout, lui s'est marié par amour. Il était fou de sa femme et il l'est encore. Il a donc toute l'acuité requise pour voir que ma mère n'est pas dans l'état de béatitude où l'on devrait se trouver quand on s'engage là-dedans, surtout à une époque où c'est considéré comme relativement définitif.

L'impression de gêne vient aussi du fait qu'on ne voit jamais ensemble mes grands-parents paternels et maternels. Ce n'est pas un hasard. Mes grands-parents italiens sont un peu intimidés par ces gens « riches » à qui ils donnent leur fille. Et de leur côté, mes grands-parents français ne sont pas fâchés qu'on ne vienne pas leur claquer la bise. Ce mariage, ils l'acceptent de justesse parce que la fiancée est particulièrement jolie et docile. Mais mes grands-parents paternels estiment que cette humilité de la jeune épousée devrait aussi s'étendre à sa famille, et de manière un peu plus démonstrative s'il vous plaît. Pour le dire clairement : ces paysans bouffeurs de polenta mesurent-ils bien leur chance ? L'élévation sociale que ce mariage représente pour eux ? Comprennent-ils bien que le beau Daniel a tout pour lui, et qu'il aurait pu choisir une autre jeune fille ? Qu'il n'avait qu'à se baisser pour en ramasser, dans le caniveau d'où cette petite Danièle aurait pu ne jamais sortir s'il ne l'y avait pas prise ? Et, s'ils s'en rendent compte, alors qu'ils le montrent ! Depuis quand ça aurait des fiertés et des orgueils, ces races-là ? C'est tout juste bon à faire trop d'enfants, à aller à la messe marmonner des superstitions[1], et à cirer les chaussures des bons Français, qu'ils ne l'oublient pas. Ma grand-mère paternelle, née Odette Meurette, ancienne coiffeuse et fille de salle de café, possédait maintenant une bonne, une villa et une grosse voiture américaine. Et elle comptait bien faire comprendre aux autres que cela valait une soumission complète.

Cet état d'esprit était aussi celui de mon père. Ce qu'on comprend aisément dans la mesure où il n'avait alors que vingt ans et qu'il était le produit de son éducation, mais hélas il ne changea jamais de toute sa vie, ce qui est plus problématique. Les mauvaises manières qui viennent du milieu où l'on a grandi, on arrive d'habitude à s'en défaire, ou à les émousser un peu : la vie les confronte à d'autres réalités et à d'autres gens, ça aère la tête, on appelle ça mûrir. Mais pour en arriver là, il aurait fallu à mon père une intelligence bien tournée, de la bienveillance, et aussi un certain équilibre psychologique, toutes qualités qui, clairement, lui manquaient. Ce qui

1. En ce temps-là, les « bons Français », pourtant catholiques, regardaient de travers les Italiens et les Espagnols toujours fourrés à l'église. Ils regardaient aussi de travers les Arabes parce que eux n'y allaient pas, bref, ça n'allait jamais. Et on se disait que, décidément, tous ces étrangers ne font aucun effort pour s'intégrer.

est très ennuyeux quand, comme lui, on détient de par son métier une autorité presque absolue sur un nombre important de gens qui n'ont rien demandé.

C'est ainsi qu'avant l'âge de dix ans j'entendis de sa bouche, je cite, « la manière de torturer un Arabe sans laisser de traces ». Je veux dire que mon père, devant mon frère et moi, se vantait de mettre à l'occasion ce « savoir-faire » en pratique sur les « clients » auxquels il était confronté dans son travail de policier. Il le racontait à table, et j'ai même un jour, un des rares jours où il s'occupait de moi, visité le commissariat où il œuvrait alors, en commençant par les geôles, un cul-de-basse-fosse immonde et maculé d'excréments. Dans ce décor qui devait l'exciter, il tint à me réexpliquer comment frapper au ventre avec la crosse d'un revolver, ce qui avait le double avantage selon lui d'être à la fois très douloureux et difficilement détectable par un médecin. Je n'étais pourtant visiblement pas intéressé par ses vomissements verbaux – je me souviens qu'alors je fermais les écoutilles en me concentrant sur autre chose : un devoir d'école, ce que j'allais manger au goûter, n'importe quoi – mais il devait imaginer qu'il était en train de me former l'esprit. Naturellement, les Arabes n'étaient pas les seules victimes de mon père. Y figurait aussi la ribambelle habituelle des boucs émissaires, en premier lieu « les nègres, les pédés et les gitans » pour reprendre littéralement son vocabulaire. Atteignons le point Godwin sans attendre : mon père considérait de toute façon, et le disait, qu'« Hitler n'avait pas fini le boulot », et que tous ces gens devraient être entassés dans un bateau « qu'on coulerait au large de Marseille ». Pourquoi Marseille on ne sait pas, mais enfin c'était sa phrase. Malgré cette allusion au nazisme, les juifs n'entraient pas, étonnamment, dans la liste des exécrations de mon père. Peut-être sa grand-mère Esther en était-elle la raison inconsciente, inutile de préciser que je n'ai jamais pu éclaircir cette question.

Pendant les tirades nauséabondes de mon père, ma mère regardait ses chaussures et attendait que ça se passe. Elle avait bien essayé de dire un mot, un jour, au supermarché. La caissière, une jeune fille noire, était un peu lente. Une fois sorti du magasin – car en public, mon père était lâche, et n'aurait jamais osé tenir des propos pareils devant l'intéressée, de peur de se faire rembarrer et ridiculiser – une fois sorti donc, mon père ouvrit les vannes. Vraiment, « ces races n'étaient bonnes à rien », tenir une caisse était au-delà de leurs capacités, etc. La liste entière des clichés les plus odieux et éculés suivit, du colonialisme aux cris de singe. Au bout d'un temps, ma mère objecta quand même, d'une petite voix timide, que « ce n'était pas des choses à dire devant les enfants ». Mon père devint aussitôt écarlate et ses yeux s'exorbitèrent. Il venait de se passer une chose terrible, intolérable. Ma mère l'avait contredit.

Mais il attendit quand même d'avoir atteint la voiture. Car sur un parking, il y a des gens : toujours cet ennuyeux problème des témoins. Je revois la terreur blanche de ma mère, pendant les dix derniers mètres avant de monter dans l'auto. Parce qu'elle avait compris, exactement, ce qui allait se passer pendant les heures, voire les jours, qui allaient suivre.

Une fois entrés dans la voiture, il éclata. Des hurlements. Indifférenciés, je ne me souviens plus exactement où commençaient les délires racistes et où finissaient les insultes à l'égard de ma mère. La voiture faisait des embardées sur la route, il s'en fichait, il ne risquait pas d'être arrêté par la police : la police c'était lui. Mon frère et moi, sur la banquette arrière, étions recroquevillés, les genoux ramenés au menton, le nez collé aux fenêtres, essayant de trouver à l'extérieur un point quelconque où fixer notre regard et notre attention, pour essayer de nous abstraire. Ça dura tout l'après-midi et toute la soirée. À la fin, épuisée, ma mère osa se rebeller. Elle laissa échapper un soupir puis, d'un ton mou, elle dit simplement : « Bon, ça va… »

Il y eut un silence de deux secondes. Puis mon père lui asséna un coup de poing, qui la projeta contre le mur du salon. Mur qui garda pendant des années un creux à cet endroit.

*

Ce qui peut surprendre, c'est que l'opinion – appelons ça comme ça – de mon père à propos de tout ce qui n'était pas blond aux yeux bleus ne l'ait pourtant pas empêché d'épouser une fille d'immigrés. Et ce à une époque où « sale macaroni » était encore une injure en vigueur, quoique en voie de raréfaction. Mais à bien y réfléchir, le choix de mon père s'explique. C'est précisément cette « infériorité » qui l'avait attiré. Et comme par hasard, deux de ses trois frères s'étaient bien gardés eux aussi d'épouser une égale, une fille qui aurait eu les moyens de lutter, voire des prétentions de vie digne, et une famille solide derrière elle pour la soutenir. Tout comme mon père, deux de mes oncles se sont en effet mariés avec de très jeunes femmes, issues de familles modestes, parfois à la limite de la misère. Les deux épousèrent même des filles ayant tout juste dépassé les… quinze ans, âge qui fut jusqu'en 2006 le minimum légal des noces pour les femmes en France. Quant à mon dernier oncle, le seul qui ait épousé une fille qui lui ressemblait, il se trouve – comme par hasard également – qu'ils s'entendent bien et sont toujours ensemble.

J'ai ainsi une tante qui fut mère à seize ans, et grand-mère à trente-cinq. Dans un milieu misérable ou un pays du tiers-monde ç'aurait été compréhensible, mais la famille de mon père n'était clairement pas dans ce cas. Quand mon père a choisi ma mère, ou quand mes oncles ont choisi mes tantes, ils savaient, qu'ils se le soient formulé ou pas, qu'elles seraient des victimes faciles – dans le cas de ma mère, en partie à cause de l'éducation qu'elle avait reçue de sa propre mère. Parce qu'elles avaient intégré l'idée qu'en épousant ces maris-là elles faisaient

« un beau mariage ». Que ce mariage les élevait au-dessus de leur condition. Et qu'il était normal de faire profil bas pour mériter ces hommes « supérieurs à elles ».

N'oublions pas non plus qu'il existait encore alors, dans la loi et dans les têtes, ce qu'on appelait le « devoir conjugal ». Une expression qui m'a toujours paru épouvantable. Mesure-t-on bien ce que ça signifie exactement ? Se représente-t-on bien la chose ? De nos jours, l'idée que les relations intimes puissent faire ainsi l'objet d'un « devoir » est heureusement tombée en désuétude, y compris dans la législation. Il n'empêche qu'il a fallu attendre 1980 pour que la justice française reconnaisse enfin que les relations sexuelles contraintes, même entre époux, n'étaient rien d'autre qu'un viol. Avant ça, un mari pouvait faire ce qu'il voulait en toute impunité. Et je surpris un jour mon grand-père Luigi, sans illusions à propos de mon père, parlant le premier à ma mère de cette évolution légale.

Mon père avait de toute façon pris l'habitude, sur ce point aussi, que les gens ne lui résistent pas. Outre le passage à tabac des justiciables basanés qui avaient le malheur de tomber entre ses mains, il se vantait également devant moi, qui n'avais pas dix ans, de forcer les droguées pendant leur garde à vue quand elles étaient jolies, et même finalement quand elles ne l'étaient pas. Pourquoi les droguées ? Parce que de toute façon, si jamais un jour elles se plaignaient, personne ne les croirait.

Mais j'en reviens à mes grands-parents paternels, à leur conception de l'amitié entre les peuples en général et aux relations avec les nouveaux beaux-parents de leur fils en particulier. Depuis le jour du mariage de mon père avec ma mère, et définitivement par la suite, mes grands-parents Marcel et Odette n'appelleront jamais mes grands-parents italiens « Monsieur » et « Madame ». Encore moins « Luigi » et « Gina ».

Ils ne parleront toute leur vie que du « père Galbani » et de la « mère Galbani ».

10.

Le Reich

Toute la vie, pour Gina Galbani ça ne fut pas bien long. Elle mourut de maladie l'année qui suivit le mariage de ma mère. Mon grand-père Luigi, pas religieux pour un sou, lui jura un peu avant qu'il irait désormais chaque dimanche prier pour elle à la messe, et il tint parole. Il restait seul avec ses trois filles cadettes, dont la dernière n'avait pas dix ans. Veuf, à cette époque et dans ce milieu, ça n'existait pas. Veuve, oui, étant donné la pénibilité du métier d'O.S.[1] : on pouvait voir dans le quartier tout un festival de ces petites robes noires austères et fermées jusqu'en haut, et de ces doigts crispés sur des sacs à main vernis – qui eux au moins avaient l'excuse d'appartenir à des veuves et non à des mères mariant leur fille. Les sacs à main en question n'étaient pas très garnis, parce qu'une pension de réversion de veuve d'ouvrier n'allait pas chercher loin. En cette fin d'années soixante, le SMIC est à trois francs vingt de l'heure, ce qui met le mois à moins de six

1. Ouvrier spécialisé, tout en bas de l'échelle.

cents francs. Et un peu moins encore qui sont reversés à l'épouse en cas de disparition du mari. Six cents francs, toutes proportions gardées vu les prix de l'époque, ça fait à peu près autant d'euros d'aujourd'hui. Il vaut donc mieux savoir cuisiner les restes, raccommoder les chaussettes, et détricoter les vieux chandails pour en retricoter des neufs. Ce que précisément savaient très bien faire les veuves.

Mais un veuf, donc, c'était une nouveauté. Quand on travaille en usine et qu'on fait les trois-huit, dans une société où tout est conçu pour une famille papa-maman, il faut pouvoir gérer. À l'époque, beaucoup d'ouvriers n'ont pas de compte en banque. Mon grand-père, comme tous les hommes du coin, ramène sa paie en liquide chaque semaine dans une enveloppe, le samedi midi. Et une enveloppe pas bien épaisse elle non plus, malgré ses années d'ancienneté : lorsque ma mère toucha son premier traitement de professeur de français stagiaire en septembre 1969, ce premier salaire était déjà presque deux fois plus élevé que celui de son père. Chaque samedi, dans une famille d'ouvriers, c'est donc la mère qui traditionnellement met les billets dans une boîte à gâteaux secs vide, rangée dans le buffet de la cuisine. Puis elle calcule sa semaine, entre les commerçants de bouche, les vêtements et les factures.

Les factures, en même temps, sont vite expédiées : la consommation d'eau ou d'électricité, à Saint-Paul dans les années soixante, ce n'est pas ce qui ruine.

Dans l'appartement de mon grand-père et de ses filles, il n'y a qu'une ou deux ampoules par pièce, et dans la cuisine c'est même un néon parce que ça consomme moins et que c'est l'endroit qui reste le plus allumé. Aucun système de chauffage : l'hiver on bourre de charbon la grosse cuisinière en fonte, et on laisse toutes les portes de l'appartement ouvertes pour que – en principe – la chaleur arrive jusqu'aux chambres. Comme ça n'est pas très efficace, on place dans un linge, au fond des lits, une brique qui a chauffé toute la soirée sur le feu. Et par-dessus les couvertures un énorme édredon en plume, auquel s'ajoute un peu de chaleur animale vu que ma mère et ses trois sœurs dorment dans la même chambre. Il n'y a bien entendu qu'un seul robinet, d'eau froide, sur l'évier de la cuisine, et pas de salle de bains. Pour se laver on déplie un grand paravent devant la cuisinière à charbon, sur laquelle de l'eau tiédit dans des marmites, on prend un gant de toilette et un savon de Marseille, et roulez jeunesse. Bains-douches municipaux une fois par semaine. Il n'y a dans cette description aucune volonté de ma part de faire sangloter dans les chaumières, ce n'est qu'une remise au point historique et sociale. Car on a complètement occulté aujourd'hui que tout ça n'était pas rare, il n'y a encore pas si longtemps. En 1980, un logement français sur six ne disposait toujours pas de salle de bains, et en 1950 c'était neuf sur dix. Mon grand-père a habité là jusqu'en 1984, et chacune de ses filles jusqu'à son mariage, la dernière en 1981.

Mine de rien, cela fait donc de moi le premier de ma lignée, du côté maternel, à avoir toujours eu une salle de bains chez moi. Je suis né il est vrai au milieu des années soixante-dix, dans une barre d'immeubles toute neuve où mes parents venaient d'emménager, un logement de fonction dépendant du collège où enseignait ma mère. Le confort moderne de l'époque avec moquette au sol, papier peint au mur et dalles de polystyrène au plafond, pas bien isolé mais on s'en fichait, le chauffage était compris, et côté bruit on s'amusait à deviner à travers les parois ce que faisaient les voisins. L'appartement lui-même : un grand couloir central, à droite la cuisine, à gauche un salon et une salle à manger. Au fond du couloir : deux chambres, salle de bains, w.-c., puis le fameux placard derrière un rideau orange et marron à motifs psychédéliques. Chauffage central à une époque de fioul pas cher, un machin impossible à régler que le concierge allumait invariablement le 1er novembre quelle que soit la météo. Ce qui nous faisait passer subitement d'une fin octobre où on mangeait en sous-pull à col roulé, à une Toussaint où on mourait de chaud en tee-shirt, entrouvrir la fenêtre étant le seul moyen d'obtenir une température moyenne.

Je viens à l'instant d'évoquer un souvenir heureux, ou au moins amusant, et l'image qui m'est venue est celle de ma mère, de mon frère et de moi, riant tous les trois dans la cuisine parce qu'on meurt de chaud et qu'on se dit : « Ah oui, c'est le 1er novembre ! » Ma mère, mon frère et moi, sans mon père. Pourtant, étant donné l'âge que j'avais, il devait être là aussi, mais mon subconscient doit l'avoir rayé. Je n'ai je crois qu'un seul souvenir « familial » avec mon père – j'écris « familial » car je ne peux pas écrire « heureux ». C'était un peu avant sa mort. Je nous vois, mon frère et moi, dans les lits superposés de notre chambre. Moi en haut, mon frère en bas, c'est l'après-midi, sans doute un mercredi. On regarde un dessin animé à la télé, c'était *Les Snorkies*, des bestioles sous-marines comiques, on aimait bien. Mon père entre soudain dans la chambre, comme une tornade. Il s'assied sur le lit de mon frère, et regarde la télé avec nous. Mon frère et moi sommes interloqués. Il a sept ans, moi dix, et c'est peut-être la première fois que mon père entre dans notre chambre autrement qu'en criant. Alors que mon frère et moi rigolions encore l'instant d'avant devant le programme télé, là c'est le malaise, qui nous est tombé dessus d'un coup. Sentant sa fin arriver, mon père a peut-être voulu se rapprocher de nous, essayer d'être gentil, je ne sais pas ce qui lui est passé par la tête ; mais ça ne peut pas marcher, c'est trop tard, puisqu'on s'attend à tout moment à ce qu'il se mette à hurler ou qu'une gifle pleuve. Et au bout de dix secondes ça y est : il se met à hurler. Qu'est-ce qu'on a, à faire cette tête ? On s'amusait, et là on ne s'amuse plus ! On n'est pas contents de le voir ? Il se lève, il secoue mon frère, il prend la télé dans les bras, part en arrachant le fil et s'en va avec, en criant qu'on est des enfants gâtés. Il claque la porte tellement violemment qu'elle se rouvre.

Le tout n'a pas duré une minute.

Je crois pouvoir dire qu'à cause de mon père j'ai vécu les dix premières années de ma vie sous l'empire d'une sorte de Gestapo. J'ai bien conscience que comparer quoi que ce soit au régime nazi décrédibilise instantanément le propos que l'on tient : de nos jours on se traite de fasciste ou d'hitlérien à tout bout de champ, ça ne veut plus rien dire et toute discussion sensée devient impossible. Mais j'ai beau chercher, « Gestapo » est LE mot qui me vient quand je pense à mon père. Comme dans les films sur la Résistance en France pendant la Deuxième Guerre, il me procurait un sentiment permanent de terreur sous-jacente, d'alerte, qui ne m'a peut-être pas complètement quitté depuis. Et aussi, à la maison comme sous le IIIe Reich, tout procédait du chef. Dans les plus petits détails. C'est la définition d'un régime totalitaire : rien n'y échappe. Dans l'Allemagne nazie, la radio était nazie, l'économie était nazie, les journaux étaient nazis, les films, les livres, les colonies de vacances étaient nazis. Chez moi, mon père choisissait tout. Ma mère a vécu les vingt ans de son mariage dans un mobilier qu'elle détestait. Elle est partie vingt ans en vacances dans des endroits qui ne l'intéressaient pas, et n'a jamais mangé ce qu'elle voulait ni à la maison, ni au restaurant où de toute façon nous n'allions pas. Pendant vingt ans, elle a préparé des radis au beurre alors qu'elle n'aimait pas ça, et mangé des artichauts chauds alors qu'elle les aimait froids. Le papier peint de la cuisine était orange alors qu'elle l'aurait préféré blanc, celui de sa chambre rouge alors qu'elle l'aurait voulu bleu, et elle n'allait jamais au cinéma parce que « c'est de l'argent gâché vu qu'on a la télé ». Il y avait pourtant des sous à la maison, puisqu'ils travaillaient tous les deux. Mais mon père dilapidait tout, et notre famille vivait, au jour le jour, très en dessous de ce qui aurait dû être son standing. Parce que tout se concentrait sur quelques dépenses. Il fallait toujours à mon père la dernière voiture qui venait de sortir, donc il revendait l'ancienne avec beaucoup de décote, puis endettait toute la famille pour la nouvelle : nous avons ainsi eu, après la Simca 1000, une R18 dès que le modèle sortit de l'usine, puis une R20 parce que c'était la voiture des ministres, puis il fut question d'une R25 parce qu'elle était encore plus grosse et qu'elle commençait à remplacer la R20 sur les images du journal télévisé, au moment du ballet du mercredi dans la cour de l'Élysée. Mon père achetait aussi une caravane alors que ma mère n'était pas très camping, puis il changeait pour une plus grosse caravane, puis arrivait une encore mieux, avec à chaque transaction une grosse perte. Et en camping, il exigeait de ma mère des plats infaisables hors d'une cuisine digne de ce nom, de la blanquette de veau à la marquise au chocolat – des plats qu'elle réussissait pourtant avec un réchaud à gaz et deux fourchettes.

Et puis, ça va sans dire, mon père achetait aussi des armes. Et des munitions pour ses armes. Ça coûte cher. Il prenait des emprunts, qui s'étalaient sur toute l'année, et au quotidien on faisait des économies de bouts de chandelle : aucune sortie, pas d'extra sur la nourriture ou les vêtements, et un canapé qui avait fait son temps mais qu'il rafistolait sans cesse. Côté arsenal, il y avait bien sûr les armes rangées dans les casiers métalliques du placard, et puis d'autres munitions et d'autres armes. J'ai ainsi toujours connu un gros fusil de chasse accroché bien en évidence au mur du salon. Il avait coûté très cher, de même que le présentoir en cuivre et chêne vieilli, avec parements en vrai plastique – mon père avait en plus du reste un mauvais goût très sûr. Comme si le placard du fond n'était pas suffisant, mon père avait conçu cette décoration « utile », dont l'unique fonction était de signifier à ma mère ce qui l'attendait si jamais lui était venue l'idée folle de contester le pouvoir absolu de mon père sur son IIIe Reich familial. Ce fusil, mon grand-père Luigi l'avait un jour discrètement saboté, en retirant une pièce minuscule, ce qui le rendait inutilisable. Mais mon père l'avait vu, car il voyait tout. Il répara donc l'arme, et profita de l'occasion pour rappeler à ma mère qu'il était le plus fort, et qu'elle ne pouvait rien contre lui. Ni le gruger, la preuve, ni s'enfuir, car il la retrouverait. Et une fois qu'il l'aurait retrouvée, elle et les gosses, le fusil servirait.

Certes, un couple où l'un des deux porte davantage la culotte que l'autre, ce n'est pas rare. Mais là ça allait beaucoup plus loin. Tous les instants devaient être consacrés à contenter mon père. Toute notre énergie y passait, la mienne, celle de ma mère – mon frère pour son malheur a géré ça différemment, j'y reviendrai. Par exemple mon père décidait d'une sortie. Il fallait s'enthousiasmer. Très visiblement. Sinon ça commençait. « Ben alors, vous êtes pas contents ? Ça fait plaisir, avec tout ce que je fais ! » À partir de là il montait dans les tours, tout seul. Ses colères me terrorisaient, même si je n'en montrais rien, et j'aurais peut-être dû. Il en résultait une tension permanente. À tout moment, quoi qu'il arrive, quoi que nous fassions, mon père pouvait surgir, la situation dégénérer, mon frère ou moi nous prendre une gifle – et quand il giflait il ne faisait pas semblant. Même dans la rue, où je me croyais tranquille quand je revenais de l'école, il m'avait un jour suivi, roulant au pas au volant de sa voiture, à trois mètres derrière moi, façon flic en filature. Je ne l'avais pas vu et, mon dieu, je faisais un truc fou : je me comportais avec *insouciance*, comme un gosse ordinaire de huit ou dix ans. Je m'amusais avec mes copains, je ne sais plus, en tout cas je ne pensais pas à *lui*, à sa menace, à ce qu'il fallait que je fasse pour le contenter. Manque de chance, il était donc là *aussi*. Même là je ne pouvais pas être tranquille. Je ne l'avais pas entendu, mais au bout de cent mètres il pila, sortit de la voiture, me traîna par le bras, me projeta sur la banquette arrière, et se mit à hurler. Pourquoi marchais-je de telle manière ? Pourquoi avais-je boutonné mon manteau comme ci et pas comme ça ? Qu'est-ce que je faisais avec Untel, qu'il m'avait interdit de fréquenter ? De quoi parlions-nous ? Pourquoi m'amusais-je à marcher à cloche-pied dans le caniveau ? De quel droit balançais-je mon cartable par une bretelle, au lieu de le tenir avec respect, au prix qu'il avait coûté ? Ça s'était sans doute fini par une beigne, je ne me souviens plus.

Même les instants de « jeu » étaient pourris par sa folie. Par exemple il décidait que mon frère et moi devions aller au parc. Une fois que nous étions arrivés, il nous commandait de faire ceci ou cela, en général du toboggan (il aimait beaucoup le toboggan). Et il filmait avec une petite caméra super-8, puis un caméscope VHS quand la VHS apparut en France. Si l'on ne s'amusait pas assez – et ce n'était jamais assez –, au bout de dix secondes il explosait, nous empoignait par le bras, et nous traînait jusqu'à la voiture où il nous jetait comme on ne jetterait même pas des paquets. Je n'ai jamais eu autant de bleus que du vivant de mon père. À la maison c'était pareil, avec parfois des variations plus perverses. Son grand plaisir était de jouer contre moi aux échecs. Là aussi, il demandait à ma mère de filmer. Il me mettait échec et mat en dix coups.

J'avais huit ans.

Deuxième partie

ENTERRER

11.

Libération

Et puis un jour, il est mort.

J'ai cru que ça n'arriverait jamais. Mon père était malade, une leucémie très grave, il aurait dû mourir en moins d'un an. Mais ce qui est bien quand on est fou, c'est que ça donne une résistance surhumaine. Dans ses épisodes de colère nocturne, à la limite du somnambulisme, mon père pouvait empoigner une armoire – pleine – et la jeter contre un mur, chose dont il aurait été incapable dans ses moments de « normalité ». Ça fait un peu « l'Incroyable Hulk » raconté comme ça, mais à vivre ça n'était pas drôle du tout. Face à la maladie ce fut la même chose. Son cancer diagnostiqué, il fut soigné, puis rechuta aussitôt, son espérance de vie se comptait alors en mois à en croire les médecins. Il vécut pourtant encore cinq ans. Ses analyses de sang étaient si catastrophiques que théoriquement il aurait dû vivre couché, la moindre plaie pouvant le vider de son sang, le moindre choc provoquer une hémorragie interne et le tuer en quelques heures. Mais il refusait d'en tenir compte. Nous partions au ski. Trajet direct depuis la Lorraine jusqu'à l'Isère, sept cents kilomètres via le tunnel de Fourvière. Et sans arrêt pipi : mon frère et moi devions utiliser une bouteille afin qu'il puisse « tenir une bonne moyenne », une performance apparemment importante à ses yeux. Ma mère assise à côté de lui, tendue comme un arc, craignait à tout moment que mon père ne s'endorme, assommé par les médicaments et la maladie, et ne nous projette tous les quatre contre la remorque d'un camion ou le pilier d'un pont. Par ailleurs elle détestait le ski, mais elle n'avait pas eu davantage que d'habitude voix au chapitre, et l'achat d'un studio à la montagne fut décidé comme tout le reste : sans son avis mais avec son argent. Une opération financièrement désastreuse, aussi ruineuse que ses achats de voitures successifs, mais à l'époque c'était la mode d'acheter un studio pied-des-pistes, toutes les agences immobilières faisaient miroiter aux gogos une rentabilité qui ne se réalisa jamais, et mon père qui tombait dans toutes les modes n'allait pas rater celle-ci en pleine période *Les Bronzés font du ski*.

Moi, le ski, je n'avais rien contre *a priori*. Mais là, il fallait suivre mon père. De l'ouverture des pistes, à 9 h 30, jusqu'à leur fermeture à 17 heures. Sans doute par défi lancé à la maladie, je le comprends maintenant, mais aussi parce qu'il voulait absolument rentabiliser les forfaits, car il était pingre. Forfaits que, par ailleurs, il maquillait pour les utiliser au-delà de leur validité, comptant qu'il exciperait de sa qualité de policier si on lui faisait des problèmes – je ne sais pas si ça aurait marché, quoi qu'il en soit il ne s'est jamais fait prendre. Je me suis ainsi retrouvé, à huit ou neuf ans, sur un glacier à trois mille quatre cents mètres d'altitude, en pleine chute de neige, après une heure d'ascension par télésiège et téléphérique. Avec mes skis sur une épaule et en plus, certains jours, sur d'autres pistes, les affaires de mon frère à la main. Mon père n'a jamais de sa vie porté mes affaires, et encore moins porté mon frère ou moi dans ses bras ou sur ses épaules. Ça a toujours été ma mère qui s'en chargeait, y compris lorsque j'avais trois ou quatre ans et que mon frère venait de naître : elle devait alors se débrouiller pour nous porter tous les deux, avec en prime l'attirail couffin/biberons/couches. Il existe en tout et pour tout une seule photo où mon père s'occupe de moi. Il me donne le bain alors que je suis tout bébé, mais c'était juste pour la photo et ça ne s'est pas reproduit avec mon frère.

Au ski, fatigués par l'altitude et les longues journées, interdiction pour mon frère et moi de protester, sous peine de provoquer une des explosions de colère et de violence déjà décrites. Ma mère, elle, était heureusement dispensée de pistes, puisque mon père lui avait assigné le ménage et la cuisine. Il avait cependant choisi pour cet appartement une table recouverte d'un carrelage particulièrement irrégulier. Il s'agissait que ma mère ne puisse pas l'utiliser pour écrire, corriger ses copies ou préparer ses cours. De fait, elle devait poser ses feuilles sur des livres ou des cartons pour parvenir à griffonner sur un minimum de surface plane. À cette époque, ma mère passait un concours spécial pour monter en grade dans son travail. Elle l'avait caché à mon père, il l'avait appris quand même, car il fouillait partout et il était tombé sur des livres et des fiches de révision. Il avait déchiré les fiches, balancé les livres à la poubelle, ma mère les y avait récupérés, elle se mit dès lors à apprendre tout par cœur pour ne pas avoir à faire de fiches. Elle eut son examen brillamment, classée première de l'Académie de Nancy-Metz cette année-là. Le jour des résultats, un jour où tout mari sain d'esprit aurait fêté ça et félicité sa femme, lui se montra singulièrement odieux. Pas de violence physique pour une fois, non, il avait trouvé un truc nouveau, il devait être content de lui. Il assit ma mère sur une chaise de la cuisine, avec interdiction d'en bouger, si elle se levait il la rasseyait de force. Puis il tourna lentement autour de la table, les mains croisées dans le dos, en bousculant bruyamment chaque chaise, des chaises métalliques, quand il passait devant. Ça dura toute la nuit. Le matin, ma mère alla quand même travailler. Mon père, lui, fit la grasse matinée, il était en congé maladie.

C'est à peu près vers cette date qu'il y eut aussi un petit scandale bancaire. Pour disposer d'un peu d'argent à elle – ou, devrais-je dire, afin de disposer pour elle d'un peu de son argent – ma mère avait trouvé un stratagème. Elle avait ouvert en secret un compte dans une autre banque que celle de leur compte commun. Pour l'alimenter, elle avait dû ruser. Elle avait fait passer discrètement, au milieu d'autres paperasses, le RIB de cette banque-là dans ses feuilles de Sécu. Ce qui fait que les remboursements ont, de ce jour, commencé à alimenter son compte à elle. Ça ne faisait pas grand-chose : l'équivalent d'une consultation de généraliste de temps en temps, plus le prix d'un sirop ou d'une boîte d'antibiotiques, mais enfin c'était déjà ça. Et rétrospectivement, je trouve poétique que ma varicelle et chacun de mes rhumes, ou ceux de mon frère, aient permis à ma mère de s'acheter une bricole de temps en temps, ce n'était que justice pour les fois où elle se relevait la nuit – puisque évidemment ce n'était pas mon père qui venait nous rendormir en cas de cauchemar ou de gros chagrin, qui étaient fort fréquents allez savoir pourquoi.

Seulement mon père a fini par soupçonner quelque chose. Car il pensait à tout. L'intégralité de son énergie étant consacrée à sa psychose, il échafaudait tous les scénarios : comment truander untel, comment nuire à tel autre – et surtout comment contrôler sa femme. Un jour, au culot, il fit donc la tournée des banques de la ville et servit à chaque guichetier la même phrase, de but en blanc, comme si c'était la chose la plus naturelle : « Je voudrais consulter le solde du compte de ma femme. » Normalement on aurait dû l'envoyer paître, mais c'était compter sans cette fameuse arme des dictateurs : ils savent bien que beaucoup, beaucoup de gens ont tendance à obéir sans discuter, pour peu qu'on use de ce ton très étudié d'autorité calme mais sans appel, qui n'a pas tout à fait l'air d'un ordre et qui pourtant en est un. Nulle part donc on ne lui répondit que l'on n'avait pas à lui donner ce genre de renseignement. Dans trois ou quatre banques on ouvrit des yeux ronds, et on lui expliqua qu'il devait faire erreur, que Madame n'avait pas de compte ici. Dans la cinquième, l'employé lui répondit « mais certainement », et mon père repartit avec un relevé. Ma mère aurait pu faire un procès à la banque, et elle l'aurait gagné – elle n'en fit rien bien entendu. En rentrant de son travail, elle trouva mon père assis à califourchon sur une chaise au milieu du couloir de l'entrée, avec le relevé dans une main et un rictus de triomphe mauvais. Le guichetier naïf n'entendit pas parler de cette histoire, et ma mère fut la seule qui paya ce soir-là.

Et puis un jour, donc, enfin ! il est mort. C'était la Toussaint, ma mère rentra un soir, le visage décomposé, et nous annonça : « Papa ne reviendra plus de l'hôpital. » Je ne sais pas si elle fut choquée de notre réaction, ou même si elle l'avait envisagée. Ni mon frère ni moi ne parûmes ennuyés. Mon frère, qui avait sept ans, ne dit rien. Moi, j'en avais presque onze. Ma réaction fut : « Ah, super, alors on va avoir un chat ? »

*

Mon père, en effet, n'aimait pas les animaux.

Il y avait eu une exception dans son enfance, mais une seule. Vers le milieu des années soixante lui et ses trois frères, alors adolescents, se virent confier un adorable chiot. C'était un berger allemand, race qui déjà à l'époque commençait à avoir cette réputation de chien d'attaque pour macho frustré. Les frères le baptisèrent King, et jouèrent à qui dresserait la pauvre bête le plus stupidement possible. Il devint agressif, sauta un jour par-dessus la clôture, et mordit au visage une petite fille qui passait et qui en garda des cicatrices. Mon père ne réitéra pas l'expérience, moins en raison de cet épisode dramatique que parce qu'un chien ça salit et qu'il faut le sortir. Déjà qu'il n'aimait pas les gosses, ce n'était pas pour s'encombrer d'une bestiole.

Une fois mon père disparu, nous eûmes donc un chat, puis deux, et puis un chien – un golden retriever adorable que, lui, je pleure encore. Ma mère repeignit aussi l'appartement en blanc, et jeta aux ordures les meubles défraîchis que mon père conservait pour dégager le budget nécessaire à ses lubies. Elle vendit la salle à manger rustique en bois sombre que nous n'utilisions jamais, et fit sa chambre à la place, ce qui nous permit à mon frère et à moi d'avoir une chambre chacun, mon frère avec ses jouets et moi avec un bureau pour faire mes devoirs.

La réaction de mon frère, quand nous apprîmes le décès de mon père, fut un peu différente de la mienne. Lui qui avait marché à presque trois ans et dit ses premiers mots à quatre, en avait désormais sept. Après qu'on lui annonça la mort de mon père, mon frère connut… ses premières nuits complètes : sans réveil nocturne, cauchemar, ou terreur « inexpliquée ».

Le lendemain de la mort de mon père, mon frère prit aussi une feuille, des feutres, et fit un dessin. Un joli dessin d'enfant bien classique, avec des couleurs, une maison, un arbre, la cheminée qui fume, et des personnages nous représentant ma mère et moi.

C'était la première fois de sa vie qu'il faisait un dessin.

12.

Séquelles

J'avais, pour ma part, réagi différemment à la tyrannie de mon père. Je me souviens d'avoir un jour, dans la salle de bains, assisté à une scène particulièrement violente de mon père à l'égard de ma mère. J'ai alors couru vers le salon, où se trouvait un gros cendrier en marbre qui devait peser deux kilos. Je suis revenu à la salle de bains, où mon père était toujours « occupé » sur ma mère, et je lui ai jeté le cendrier dans les genoux. Il hurla, je me suis pris une raclée, mais j'étais content.

À une époque, j'avais même imaginé de le tuer. Il paraît que c'est une soupape fréquente chez les enfants dépassés par une situation trop lourde pour eux, et qu'heureusement aucun ne passe jamais à l'acte. J'avais tout de même réfléchi à la manière de le faire. Mais pas une seconde au contraire je ne m'étais demandé comment ne pas me faire prendre. Dans mon esprit ça devait se passer la nuit, quand il dormirait, avec un couteau de cuisine – l'idée m'était venue en regardant à la télévision « Si Versailles m'était conté », de Sacha Guitry, où une scène détaille la préparation de l'attentat de Damiens contre Louis XV. Damiens, lui, avait raté le cœur, mais c'était dans un carrosse en mouvement : rien à voir avec le lit de mes parents, qui était bas et accessible. Une fois mon forfait accompli les suites me paraissaient simples : j'aurais expliqué au juge la vie que nous avions menée jusque-là, et j'aurais été acquitté, voire pas poursuivi, peut-être même félicité avec une médaille officielle de Sauveur de Mamans. Ça me semblait évident dans ma petite tête de gamin de huit ou neuf ans.

J'étais en tout cas un des rares à oser rabrouer mon père. Comme un jour, devant tous ses copains, au club de tennis – ça aussi c'était la mode, il les suivait *vraiment* toutes. Il venait de battre ma mère par 6-0/6-0, et s'en vantait à grands rengorgements au bar du club. Je pris alors la parole pour déclarer à haute et intelligible voix : « De toute façon, tu ne joues au tennis qu'avec maman et aux échecs qu'avec moi parce que tu es sûr de gagner. On se demande quel âge tu as. » J'ai subi les représailles ensuite mais je m'en fichais. J'avais bien trop de plaisir à observer les rires étouffés de l'assistance, hallucinée et ravie par ce petit avorton qui venait de ridiculiser ce grand con de coq de basse-cour. Ces moments de jouissance compensaient tout le reste.

Et puis je jouissais aussi d'une contradiction que mon père n'avait pas réussi à gérer dans son rapport avec moi. Car malgré mes insolences répétées, il ne pouvait pas me rejeter : j'étais le fils prodige, bien trop utile à son entreprise de glorification personnelle. J'étais très bon à l'école, et ça s'est poursuivi après sa mort : j'ai obtenu un bac avec mention et un an d'avance, puis réussi des concours d'entrée à de grandes écoles qui recalent 95 % des candidats. Et le pire est que, contrairement à ce que la phrase précédente pourrait faire penser, je n'en étais pas fier : je n'avais pas le temps. Je ne vivais ça que comme une urgence vitale. J'avais l'impression de surexploiter jusqu'à l'épuisement ce que je pensais être « mes petits moyens » : comme si je conduisais à deux cents à l'heure une petite voiture pas faite pour ça. Au début de ma scolarité post-bac, je mettais mon réveil à 7 heures tous les jours, pendant les petites vacances, pour passer mes journées à réviser, persuadé de ne pas avoir le niveau et paniqué à l'idée d'échouer. Même les loisirs n'y échappaient pas. Depuis que j'avais cinq ou six ans j'adorais Tintin – ce défenseur de la veuve et de l'orphelin devait m'inspirer – mais je n'arrivais pas à lire ses albums autrement qu'en les apprenant par cœur. Cette frénésie était motivée par une peur épouvantable : j'avais l'impression, sans doute justifiée, que ma vie en dépendait, que je ne pourrais sortir de mon milieu et de mon enfance ratée que grâce à la réussite scolaire, qui allait me permettre de remplir au maximum mon bagage de survie. Ne pas dépendre de mon père, de ma famille, de mon milieu, ça ne pouvait passer que par là, je ne voyais pas d'autre issue, j'avais donc intérêt à ne pas me louper.

Cette panique m'avait pris très jeune. Déjà, du vivant de mon père, j'avais sauté une classe, et le

CP en plus, celle qu'*a priori* on ne saute pas. J'avais appris à lire tout seul, on ne sait pas trop comment, il paraît que je déchiffrais les étiquettes des articles dans les supermarchés, assis sur le strapontin du caddie. Malgré mon année de moins, j'ai longtemps encore été premier de la classe avec, pour tout dire, une réputation de grande gueule et de petit con, derrière laquelle personne ne voyait l'angoisse terrible que j'avais de ne pas réussir. Personne ou presque : mon institutrice de CM2 nota un jour, sur un de mes bulletins, que je lui paraissais inexplicablement nerveux et anxieux. Ça allait complètement à rebours de ce que tout le monde avait toujours indiqué jusque-là à mon propos, à savoir que j'étais très sûr de moi, et on n'en tint donc pas compte – mais il est symptomatique que pour ma part je m'en souvienne encore[1]. Je me rappelle ainsi très exactement m'être rendu malade pour des énoncés de mathématiques que je n'étais pas certain d'avoir compris. Je me rappelle aussi l'institutrice qui, le jour de la rentrée de mes six ans, ne me croyait pas quand je lui disais que je savais déjà lire. À force de la harceler – et je savais faire, étant à bonne école – j'obtins qu'elle m'emmène à la bibliothèque pendant la récréation. Elle ouvrit un livre et me dit, d'un ton de défi, que puisque je savais lire je n'avais qu'à y aller, elle m'écoutait. Je mis mon doigt sur la première ligne et je lus : « Il était une fois, dans un village près de la forêt, une petite fille

1. Mme Schn…, si vous vous reconnaissez : merci, avec trente ans de retard.

aux beaux cheveux blonds. » C'était *Boucle d'or.* Je crois que j'étais moins fier, déjà, qu'inconsciemment soulagé : parce qu'on me passait du coup en classe supérieure et que ça faisait toujours un an de moins avant le bac, donc avant de quitter cette vie et cette ville. Il n'y a guère qu'en sport que je ne fichais rien, déployant même une maladresse incurable aux jeux de balle et de ballon. Ça non plus n'était pas un hasard : la gym était la seule matière qui ne servait pas mes projets de fuite, et surtout mon père me rêvait en champion de tennis. Je n'allais donc pas rater une occasion de le contrarier.

À part pour le sport, mon père se glorifiait donc de mes bons résultats. Et puis j'étais très blond, bref je tenais de lui – mon frère ayant, à l'en croire, hérité de ma mère, selon un raisonnement si commode qu'il en paraîtrait suspect à n'importe qui mais qui, pour mon père, était évident. Mon frère était brun, de santé fragile et peu performant à l'école. Loin de vouloir le protéger ou le consoler, mon père soulignait régulièrement cet état, comme s'il prenait plaisir à enfoncer son propre fils. « Mon fils » était d'ailleurs un mot qu'il n'employait jamais à propos de mon frère, il se contentait de le désigner par son prénom. Un jour qu'il partait dans ce genre de démonstrations rejetant mon frère parmi, comme il disait, « la branche métèque de la famille », je lui rappelai : « Pourtant maman a eu son bac à dix-huit ans, elle, et du premier coup contrairement à toi. » Là aussi il y eut des représailles, mais c'était trop tentant.

Quant à moi, je n'entrais pas davantage dans le schéma que mon père, en son esprit étriqué, avait imaginé. Il continuait à me voir en petit singe savant, et essayait *mordicus* d'user de moi pour flatter sa vanité devant ses amis : il n'a jamais intégré que j'étais en fait son plus constant ennemi. De plus, je lui ressemblais physiquement. Beaucoup. Et ça n'a jamais changé, c'en est même gênant : sur les photos, à n'importe quel âge et encore aujourd'hui, j'ai les mêmes attitudes que lui, les mêmes yeux, la même voix. Ma grand-mère paternelle faisait lapsus sur lapsus à notre propos, et les parents éloignés qui ne me voient que de temps en temps restent un moment interloqués quand ils posent les yeux sur moi. J'avoue que quand ça se produit je ressens un certain embarras de cette ressemblance si grande avec ce type que je détestais. Mais à l'époque, je me délectais surtout du fait que ça le contrariait : ce fils si semblable à lui, dont il se servait comme d'un miroir flatteur, lui crachait à la figure dès qu'une occasion se présentait. J'étais comme un prolongement de lui, mais qui se retournait contre lui.

J'étais son cancer.

*

Mon frère, lui, n'avait hélas pas trouvé cette échappatoire-là. C'est peut-être le mystère des caractères, ou bien il n'avait pas eu le choix, je ne sais pas. Nous avions dans le salon une table basse assez grande, ronde, recouverte d'un carrelage dans les tons marron et kaki, comme ça se faisait en ce temps-là. Mais c'était hélas aussi la mode des meubles en acier brossé. Dans le cas de cette table, la partie en acier consistait en un cerclage qui en faisait le tour, un peu comme une roue de chariot. C'est ainsi qu'un jour, sachant à peine marcher, mon frère traversa le salon d'un pas hésitant, et dut faire quelque chose qui irrita mon père – ou peut-être pas, de toute façon il l'irritait déjà par sa seule existence. Déjà lorsque mon frère est né, mon père n'est pas venu à la maternité, ni pour la naissance elle-même ni ensuite. Pour ma naissance à moi non plus d'ailleurs, mais pour mon frère il avait une raison supplémentaire : il était en week-end avec une de ses maîtresses, et n'allait quand même pas s'emmerder à rester auprès de sa femme légitime enceinte de neuf mois. Mais je reviens à mon frère, traversant le salon de son pas mal assuré d'enfant sachant à peine marcher. Lorsqu'il passa à proximité de mon père, qui était assis sur le canapé, mon glorieux géniteur lui balança un coup de pied. Mon frère tomba sur le cerclage en métal.

Mon frère est aujourd'hui handicapé.

13.

CSP +

La vie après mon père fut nettement moins suffocante. Pour moi comme, bien sûr, pour mon frère et ma mère – ma mère qui put enfin dormir comme elle l'entendait et pas dans une position de protection, recroquevillée en chien de fusil pour cacher son ventre, habitude prise lorsqu'elle était enceinte et craignait la brutalité de mon père. Il lui en resta tout de même quelques séquelles morales. Dont un agaçant complexe d'infériorité, hérité à la fois je suppose de la vie avec mon père et de l'éducation reçue de sa mère. Peu après la mort de mon père, je l'entendis souvent se persuader – sincèrement – « qu'à son âge et avec deux gamins, plus jamais un homme ne s'intéresserait à elle ». Phrase stupéfiante d'autodénigrement et de déconnexion vis-à-vis de la réalité pour une femme qui avait alors trente-six ans, était faite comme un mannequin, et dont l'élégance, le teint de porcelaine et la splendide chevelure faisaient se retourner tous les hommes du quartier.

Contrairement aux photos couleur et aux souvenirs heureux, les catastrophes intimes ne s'estompent pas toujours avec le temps – la catastrophe dont je parle ici étant ma vie avec mon père, et non sa mort bien entendu. Que les événements en question commencent à devenir franchement lointains n'y change rien, et c'est le cas des miens puisque j'ai désormais vécu trois fois plus de temps sans mon père qu'avec lui. Par chance, cette persistance rétinienne que je conserve du calvaire que fut mon enfance auprès de mon père vaut aussi pour les semaines qui ont immédiatement suivi sa mort : je m'en souviens avec la même netteté que du reste.

C'était donc il y a presque trente ans maintenant.

À l'époque, la France était préhistorique. Sans même parler des téléphones – avec numéros à sept chiffres, le 16 pour sortir, et pas la moindre idée qu'ils pourraient un jour devenir portables et servir à jouer à Candy Crush – j'ai du mal à concevoir aujourd'hui qu'il n'y avait alors pas encore de kiwis sur les étals des supermarchés français. Je me rappelle pourtant très bien le premier que j'ai mangé ; ainsi que l'arrivée concomitante d'une autre curiosité, dont on ne savait pas trop au début comment il fallait la consommer parce qu'on ne la connaissait jusque-là qu'en boîte : les litchis frais. J'ai l'impression de décrire la Roumanie des années soixante, c'est pourtant bien de la France qu'il s'agit, il y a de cela seulement trois présidents de la République. Quand mon père est mort, ma mère résilia l'abonnement au seul support écrit qui, jusqu'ici, entrait régulièrement chez nous, à savoir *Télé 7 Jours*. Nous abandonnâmes donc l'étalage hebdomadaire de la vie des speakerines, et elle nous abonna à *Télérama*. Comme marqueur social on peut dire que ça se posait là. Fatalement, on commença à appuyer plus souvent sur les boutons n° 2 et 3 de la télécommande que sur le 1, et la radio de la cuisine passa de RTL à France Inter. Bref, la disparition de mon père fit faire à notre cercle familial un saut qualitatif de plusieurs crans de CSP.

Ce qui est étrange, ce n'est pas tellement cet embourgeoisement subit – et embourgeoisement n'est pas le bon mot car ce n'est pas d'argent qu'il s'agit, même au contraire puisque nos revenus avaient chuté de moitié avec la perte du salaire paternel. Non, ce qui est insensé, c'est la manière dont on avait vécu jusque-là chez moi. Avec un père policier et une mère prof, j'aurais dû appartenir à la vraie classe moyenne, celle du milieu du milieu. Et même peut-être à la classe moyenne supérieure étant donné qu'on habitait une petite ville, où la vie n'était pas très chère et où tout le monde n'avait pas deux salaires de fonctionnaires qui tombaient à la fin du mois. Cela rend encore plus terrifiant le huis clos familial qui se cachait derrière les murs de notre appartement. Car d'habitude, quand on lit ce genre d'histoires dans les pages « faits divers » des journaux, la nature des drames et la manière dont ils sont racontés ne sont effrayantes qu'en apparence. Presque toujours, en effet, le milieu décrit est conforme aux clichés qu'on en a. Ça se déroule dans un coron du Pas-de-Calais, ou un immeuble à lumpenprolétariat en Seine-Saint-Denis, ou bien une masure crasseuse dans une campagne isolée – il y a peu de variantes. Le père est alcoolique, la mère obèse, si les deux vivent des minima sociaux c'est encore mieux. On croit frémir en lisant qu'ils abusent de leurs enfants et battent la grand-mère ? En fait non : on se rassure. Comme ces gens sont loin de nous ! Comme nous ne leur ressemblons pas ! Personne n'est menacé, l'ordre social est préservé. On finit l'article comme on revient d'une visite au zoo, puis on reprend une tasse de thé ou un cupcake à la myrtille. On aura quelque chose à raconter.

Rien de tout ça dans mon cas. Pas de quart-monde ni de caricature. Nous étions une famille d'apparence parfaitement moyenne, et mon père un gars populaire dans le quartier, presque un notable. Des gens bien sous tous rapports. Ce qui explique sûrement pourquoi personne n'a jamais rien vu.

Bien après la mort de mon père – quand j'ai eu des éléments de comparaison – je me suis rendu compte de l'aridité du désert social et mental dans lequel il nous avait fait vivre. Je pourrais aussi utiliser la métaphore de la chape de plomb, car c'est bien un poids écrasant qui pesait sur nous. Et c'était particulièrement vicieux parce qu'on avait fini par l'intégrer. C'est ce que j'en déduis quand je me rends compte que je n'ai pris conscience de tout ça que progressivement. Un beau jour, des années après la disparition du tyran, je me disais : « Ah mais oui tiens, c'est vrai, j'ai failli oublier : il nous faisait faire ça *aussi.* » Et ça arrive encore parfois.

Je me souviens des départs en vacances. Que nous partions dans les Alpes, sur la Côte d'Azur ou pour un camping de la Meuse à moins d'une heure de route (ça, c'était quand il avait trop dépensé pour ses caprices et qu'il ne restait plus d'argent), les jours de grands départs étaient presque toujours de pénibles histoires de fous qui me font, aujourd'hui, penser à *Vol au-dessus d'un nid de coucou.* Avec une différence notable et monstrueuse, puisque chez nous le fou était vraiment fou, et qu'aussi c'était lui qui détenait le pouvoir. Un pouvoir exactement comparable cependant à celui de l'infirmière-chef du film, qui fait régner sur ses pensionnaires un climat de terreur latente : terreur d'autant plus atroce que d'une part elle est inexprimée, et que par ailleurs elle émane d'une autorité impossible à contester.

À chacun de nos grands départs, mon père tenait à briquer l'appartement à fond avant de partir. Moi aussi, quand je pars de chez moi, j'aime bien que la vaisselle soit faite et qu'il n'y ait pas une pile de linge sale qui traîne, mais lui y exprimait une autre forme de sa folie furieuse, décidément pleine de ressources. Donc, il fallait que nous passions l'aspirateur, nettoyions les carreaux, rangions, récurions la baignoire, javellisions le frigo, et j'en passe. Même une fois installés dans la voiture ce n'était pas terminé. Après avoir mis le contact, il pouvait tout aussi bien se raviser, l'éteindre, sortir de la voiture, et retourner dans l'appartement pour mettre encore un coup de Cif sur la gazinière, ou vérifier pour la troisième fois qu'il avait bien coupé l'eau. Il est même arrivé que nous fassions demi-tour après une dizaine de kilomètres parce qu'il avait soudain décidé que non, finalement, il n'était pas acceptable de laisser ce torchon sur le dossier d'une chaise, et qu'il fallait absolument le mettre au sale. Il va sans dire que ma mère n'avait pas à exprimer son opinion – de toute façon ça l'aurait énervé et ç'aurait été encore pire – et que mon frère et moi, à bout de nerfs, tenions difficilement en place sur la banquette arrière. Quant à confier nos clés à un voisin pour la durée des vacances, il n'en était pas question car « on ne peut avoir confiance en personne ». En vrai grand psychopathe, mon père était en effet persuadé que la menace, c'étaient les autres. Que lui se comportait exactement comme il le fallait, et que ses diverses façons de faire n'étaient que défenses et précautions vis-à-vis d'une humanité unanimement hostile, composée uniquement d'adversaires, d'ennemis, de rivaux et de déséquilibrés. Le monde entier avait juré de lui nuire, et n'attendait que le moment propice pour l'abattre. Fort logiquement, rejoignant en cela la plupart des gens qui en ont réellement besoin, mon père proclamait aussi à qui voulait l'entendre que les psys sont des charlatans. Et que lui en tout état de cause se sentait tout à fait bien, et était l'une des personnes au monde les moins susceptibles d'avoir quelque enseignement à tirer d'une longue série d'entretiens avec un professionnel de la santé mentale.

Des années plus tard, une phrase de *Persépolis*, la BD de Marjane Satrapi, me marqua particulièrement parce qu'elle décrivait bien ce que j'avais connu. Dans le livre, l'héroïne souligne une des forces du régime iranien, qui inscrit jusque dans les têtes son efficacité répressive. Il s'agit des diktats sur l'apparence vestimentaire des femmes. On pourrait croire en effet que forcer les gens à se demander sans cesse si leur tenue est conforme aux lubies de la police, ça finit par les pousser à se révolter. Or non, c'est le contraire : ça les empêche de le faire. Parce que quand, à chaque instant, vous êtes obligée de vous demander si votre maquillage n'est pas trop voyant, si vos cheveux sont bien cachés, si on ne devine pas vos sous-vêtements… eh bien vous n'avez plus le temps de vous poser les vraies questions. Avec mon père c'était la même chose. Comme la lutte contre son emprise était quotidienne, et même parfois minute par minute, il m'a fallu des années pour remarquer que, de son vivant, jamais un livre n'entrait chez nous, hormis mes manuels scolaires et les livres professionnels de ma mère. Mon frère et moi en avions bien quelques-uns, des albums de *Barbapapa* ou de *La Petite Poule rousse*, tous offerts par ma mère. Mais mon père, lui, ne lisait jamais. Et empêchait, ce faisant, ma mère de le faire – je ne vois de toute façon pas quand elle en aurait eu le temps, le harcèlement de mon père ne lui en laissant pas le loisir.

Il y avait pourtant sur une étagère vitrée toute une collection de beaux volumes reliés. Il avait dû les acheter à un représentant qui l'avait impressionné en lui faisant miroiter à mots couverts le snobisme d'une telle emplette, bien plus que l'intérêt littéraire de la chose, ce qui est exactement le discours qu'il fallait tenir à mon père. Nous avions donc les grands classiques : Zola, Jules Verne, Maupassant ou Alexandre Dumas, reliés cuir et dorés sur tranche. Mais nous avions interdiction d'y toucher, et d'ailleurs ils étaient sous clé. Ils servaient seulement de décoration, et à la réflexion je suis même surpris que mon père ait été sensible à ce vernis culturel, si léger soit-il. Mon père n'écoutait pas non plus de musique. Ah si, une exception : les chansons à boire. Personnellement, l'ambiance « taverne munichoise en attendant la choucroute » ne me dérange pas plus que ça, mais uniquement dans une taverne munichoise, et en attendant la choucroute. Or là, c'était sur la chaîne hi-fi du salon, ou sur l'autoradio. Et souvent. Et toujours les trois ou quatre mêmes morceaux. Donc j'avoue qu'à force, j'étais devenu insensible aux charmes de *C'est à boire qu'il nous faut* passée en boucle, ou de *Chef, un p'tit verre, on a soif*[1].

Je me suis souvent demandé comment ce type avait pu descendre à un tel niveau de vide culturel. Attention, je ne suis pas en train de prétendre que hormis les *Gymnopédies* de Satie et quelques chants

1. D'autant que celle-ci est quand même particulièrement gratinée…

grégoriens, tout le reste de l'œuvre musicale mondiale soit bon à jeter aux cochons. Mais de là à écouter *exclusivement* des chansons de pochard, il y a une marge. J'aurais pu le comprendre si mon père avait été intellectuellement très limité, mais ce n'était pas quelqu'un de stupide. Ou s'il était né dans une famille du plus sordide quart-monde, mais ce n'était pas le cas non plus.

Car les goûts de son père, mon grand-père Marcel, étaient tout différents. Plutôt ciblés eux aussi, certes, mais dans un registre tout de même bien plus écoutable. Vestige sans doute de ses regrets coloniaux, mon grand-père adorait les musiques militaires, et aussi un chanteur ivoiro-alsacien de gospel nommé John William, à la vibrante voix de basse. John William, bien sûr, était noir, ce qui témoignait déjà d'une certaine ouverture d'esprit de la part de Marcel – au contraire de mon père qui vomissait en bloc Boney M., Nina Simone ou Gloria Gaynor. Le hiatus musical entre le père et le fils allait plus loin : lorsqu'il écoutait certains de ses disques, mon grand-père pouvait être ému aux larmes. Croyant que je ne le voyais pas, Marcel fondait même en sanglots sur *Si toi aussi tu m'abandonnes,* chanté justement par John William dans *Le train sifflera trois fois*. Et certains tubes d'Édith Piaf n'étaient pas loin de lui provoquer les mêmes réactions. Ce genre d'émotion n'a jamais, de sa vie, effleuré mon père, qu'il s'agisse de musique ou de quoi que ce soit d'autre.

Mon grand-père Marcel avait aussi une solide culture cinématographique, au moins dans le registre des westerns et grandes fresques du cinéma américain des années cinquante-soixante : il vénérait John Wayne ou Yul Brynner, et Marilyn Monroe dans *Rivière sans retour*. La peinture lui échappait, mais quelques souvenirs d'école lui revenaient parfois et il pouvait parler un peu du portrait de cour de Louis XIV par Hyacinthe Rigaud ou du sacre de Napoléon par David, étudiés sans doute sur les bancs de la communale un jour des années vingt. Marcel aimait aussi l'architecture, et m'emmenait de temps en temps découvrir tel ou tel bâtiment de la région. Il possédait quelques beaux livres qu'il feuilletait encore et avait, depuis l'enfance, un faible pour Fenimore Cooper. Mon père n'avait donc pas l'excuse d'être issu d'un milieu inculte, ni d'un géniteur insensible à toute forme de culture. Jamais pourtant Daniel ne m'a semblé intéressé par aucune de ces activités – à une exception près : il aimait, crois-je me souvenir, les films de Rambo.

Heureusement pour la bande-son de mon enfance, il y avait ma mère. Elle, c'était Abba. Je hurlais donc *Waterloo*, *Gimme ! Gimme ! Gimme !* ou *Can you hear the drums Fernando* ? dans un franglais yaourt plus qu'approximatif, ce qui assurait mon succès dans mon entourage – sans doute un peu aussi parce que cette prestation était effectuée en survêtement fluo et sous un casque de bouclettes blondes qui, pour presque normaux qu'ils aient pu passer en 1982, formaient un tableau des plus complets. Ma propension au disco s'épanouissait aussi devant le brushing et le jean de Farrah Fawcett – pattes d'eph' en bas, moulant en haut – et les épisodes des *Drôles de dames* aux jingles faits de guitares électriques sautillantes, que je reproduisais à la bouche avec un manque de talent certain. Côté francophone, ma mère repiquait également sur ses cassettes un peu de Julio Iglesias, et puis du Dalida, mais surtout Renaud, Maxime Le Forestier ou Jean Ferrat. Une *playlist* tout aussi typée, mais je ne m'en plaignais pas. Sans compter que cette affirmation musicale de sa qualité de prof secrètement mitterrandiste devait être pour elle un acte de résistance.

Comme mes velléités lyriques se doublaient d'une bonne mémoire des textes, les trois derniers interprètes de cette liste donnaient lieu à des scènes aussi répétées que tendues. Parce que Renaud, Ferrat et Le Forestier étaient notoirement des gauchistes, autrement dit dans l'esprit de mon père des gens à noyer dans une baignoire après une séance de gégène. Mais comme par ailleurs mes tantes et grand-mère fondaient d'attendrissement devant mes prestations, il n'osait pas brider mes élans dans *L'Amour est Cerise* ou dans *Fontenay-aux-Roses*[1]. Même Renaud ça passait ! Rappelons

1. « Vous êtes si jolies quand vous passez le soir à l'angle de ma rue… » J'avais oublié que ça s'appelle *Fontenay-aux-Roses*.

pourtant les paroles de, par exemple, *Hexagone*, que je beuglais façon « Gavroche sur les barricades » :

> *« Ils s'embrassent au mois de janvier, car une nouvelle année commence,*
> *Mais depuis des éternités, l'a pas tell'ment changé la France.*
> *Passent les jours et les semaines, y a qu'le décor qui évolue,*
> *La mentalité est la même, tous des tocards, tous des faux culs.*
> *Ils sont pas lourds en février, à se souvenir de Charonne,*
> *Des matraqueurs assermentés qui fignolèrent leur besogne.*
> *La France est un pays de flics, à tous les coins d'rue y en a cent*
> *Pour faire régner l'ordre public ils assassinent impunément. »*

Triomphe assuré dans les réunions de famille. Mon auditoire de mamies admirait davantage, il faut bien le dire, ma maîtrise du texte et des scansions compliquées que le sens des paroles qui ne les intéressait sans doute même pas. Mais mon père, lui, fulminait, je le percevais parfaitement, et j'adorais ça.

14.

Après

Je ne suis pas allé à son enterrement. Au grand dam et malgré l'insistance de mes grands-parents paternels. Pour la première fois ou presque, ma mère opposait à un de leurs ordres une fin de non-recevoir sans appel, et elle avait raison. D'autant que, du côté paternel de ma famille, les enterrements se faisaient encore « cercueil ouvert » : le mort, tête bien visible, exposé à la maison – la maison de mes grands-parents heureusement car je m'imaginais encore moins avec le cadavre de mon père sur deux tréteaux au milieu de la moquette du salon de l'appartement. Bref, ni mon frère ni moi n'eûmes à défiler devant le cercueil et à poser nos lèvres sur le front froid du mort, voire carrément sa bouche, pour un « dernier baiser d'adieu ». Tout ça, dans la plupart des familles françaises, ne se faisait déjà plus depuis une bonne quarantaine d'années, mais c'était toujours en vigueur dans la mienne et ça l'était encore quinze années plus tard lorsque mes grands-parents moururent à leur tour. Peu avant la mort de mon père, ma mère avait aussi encouragé les infirmières de l'hôpital à tenir bon devant mes grands-parents, qui essayaient à tout prix de contourner l'interdiction faite aux enfants de pénétrer dans le secteur stérile du CHU. Odette tenait apparemment à ce que nous ayons de notre père la vision d'un malade en phase terminale, chauve et livide, qui avait perdu plusieurs dizaines de kilos. Ma grand-mère se montra furieuse de cette résistance de la part du petit personnel, mais elle n'était pas au bout de ses surprises. Par un incroyable revirement quand on sait ce que fut sa vie, mon père demanda un jour lui aussi, à la toute dernière extrémité, que les infirmières interdisent l'accès de sa chambre... à sa mère. Pas ses parents : seulement sa mère, ma grand-mère Odette. Qui ne comprit jamais et attribua cette décision à un délire de mourant. Puis mon père eut, paraît-il, dans ces ultimes moments, deux idées fixes. Un de ses derniers mots à l'adresse de ma mère fut, et c'est stupéfiant, une phrase de recommandation. Il la prévint de se méfier... d'Odette, sa mère officiellement adorée. Qui, dit-il alors à ma mère, « fera tout pour te pourrir, tant qu'elle vivra ».

Ensuite, à en croire les rares témoins, mon père sombra dans une semi-inconscience d'où il émergeait parfois pour répéter des « c'est pas juste » noyés de sanglots. Une réaction que je comprends aujourd'hui : il devait sincèrement éprouver à ce moment un sentiment très cruel d'injustice en se voyant mourir, décharné, à peine âgé de trente-huit ans. Je ne parviens que depuis peu – et peut-être en partie parce que j'ai atteint cet âge à mon tour – à m'imaginer à sa place, et à percevoir l'horreur de la situation, ainsi que la révolte qu'il devait effectivement ressentir. Mais franchement, je dois avouer que si l'on m'avait informé à l'époque de ses cris d'angoisse, je n'aurais peut-être pas été pénétré du même sentiment d'injustice en le voyant disparaître.

Ma mère eut, par la suite, à payer ces divers affronts jetés à la face de mes grands-parents. Cela se produisit quinze jours avant Noël, l'année suivant le décès de mon père. Mon grand-père téléphona chez nous, et annonça à ma mère qu'il n'était plus nécessaire qu'elle se présente chez eux, car elle ne serait pas reçue. Derrière la voix de mon grand-père, on entendait celle de ma grand-mère qui « l'encourageait » – si toutefois on peut appeler ça comme ça, en vérité ça me faisait davantage penser à un taon harcelant un bœuf. Je voyais la scène comme si j'y étais : ma grand-mère avait dû casser les pieds à mon grand-père pendant des jours, jusqu'à ce qu'il cède. C'était sa manière habituelle de faire, et depuis qu'il était en retraite et n'avait plus l'usine pour la fuir, elle obtenait ainsi de lui à peu près tout ce qu'elle voulait : si les jérémiades ne marchaient pas elle boudait, si les bouderies étaient inefficaces elle pleurait, à la fin elle y arrivait toujours. Quand il faisait beau ça fonctionnait moins bien : mon grand-père dans ce cas sortait bêcher son potager, ce qui lui permettait d'échapper au moulin à paroles et à simagrées. J'ai ainsi, toute mon enfance, mangé de succulents radis, cassis, coings, choux, framboises, mirabelles, quetsches, cerises et groseilles. Mais là c'était l'hiver, les arbres étaient taillés et les choux de Bruxelles pas encore à maturité, il avait donc capitulé rapidement. La mauvaise saison donnait ainsi, encore plus que le reste de l'année, toute son ampleur à cette combinaison de deux personnalités qui tenait du jeu d'échecs pervers. Le Roi – ma grand-mère Odette – qui n'a l'air de rien mais dont tout procède. C'est lui qui mène le jeu. Il semble faible, il bouge peu, mais prenez garde : si on l'attaque intervient la Reine – mon grand-père Marcel. Impressionnant, raide, puissant et respecté, il mettra tout en œuvre pour que le Roi reste incontesté et continue à insuffler tout son sens à la partie. Ça avait marché toute leur vie avec leurs quatre fils : le couple avait ainsi obtenu d'eux un respect absolu, pas un respect affectueux et libre, mais au contraire teinté de crainte. Crainte du harcèlement moral de ma grand-mère, qui savait très bien manier chantage affectif et minage lancinant. Et crainte tout court de mon grand-père, intimidante statue du commandeur.

Un autre jeu était, à ce titre, révélateur. Par faveur, après le déjeuner dominical chez mes grands-parents obligatoire du temps de mon père, ma mère était parfois autorisée à jouer au Scrabble « avec les hommes », tandis que les épouses de mes oncles étaient cantonnées à la vaisselle – je rappelle que tout ceci se passe non pas dans un village d'Espagne ou d'Anatolie en 1950, mais en France au milieu des années quatre-vingt. Ces parties se déroulaient sous une atmosphère oppressante et sans aucun plaisir immédiat, mais ma mère y tenait, et voici pourquoi. Excellente à tous les jeux de lettres, elle flanquait à ses beaux-frères, mari et beau-père ligués contre elle des déculottées mémorables de parfois deux cents points d'avance. Même mon grand-père, nommé premier de cordée de cette offensive car plus lettré que ses fils, était dépassé. Et c'était bien ma grand-mère qui, debout derrière l'assemblée des joueurs, était l'âme du drame qui se nouait, demandant à intervalles réguliers : « Et maintenant, Marcel, qui c'est qui gagne ? » – pour s'entendre répondre par mon grand-père, entre ses dents, un « devine ! » exaspéré.

Pour tout dire ma mère, lorsqu'elle fut congédiée par ses beaux-parents un an après le décès de mon père, ne s'en trouva pas plus mal. Depuis longtemps ces interminables dimanches, passés à s'ennuyer ferme dans la grande maison de 11 jusqu'à 19 heures, la barbaient autant que mon frère et moi. Après la conversation téléphonique qui lui stipulait sa disgrâce, elle estima que ne lui manqueraient ni les plaisanteries éculées, ni les médisances, ni les avances grivoises et plus ou moins alcoolisées des uns ou des autres. Et c'est donc un œil plus amusé qu'amer qu'elle posa sur les cadeaux de Noël déjà emballés qu'elle destinait à mes grands-parents. Elle mit cependant un point d'honneur à ce que nous portions mon frère et moi lesdits cadeaux à leurs destinataires lors du déjeuner rituel du 25, mes grands-parents refusèrent avec mépris d'ouvrir les paquets, et ce genre de jeux idiots dura des années.

Pendant six ans, jusqu'à ce que je passe le permis, c'est ainsi mon grand-père qui fera l'aller-retour en voiture quand je voudrai passer l'après-midi chez lui. Arrivé devant nos fenêtres, d'où je le guettais, il klaxonnait, puis je descendais les escaliers : ça faisait un peu échange d'espions sur un pont de Berlin-Est, mais le ridicule était moins important à ses yeux que ses petites fiertés et ressentiments. Mon frère, lui, refusa bientôt d'aller là-bas. Il ne donna jamais de raisons, la parole n'étant pas son fort, mais chaque fois que j'y allais moi et que je lui demandais s'il voulait venir, il se renfrognait et disait que ce serait peut-être pour la prochaine fois. Quand mes grands-parents sont morts, il ne les avait pas vus depuis presque dix ans – et il ne vint pas aux enterrements.

Pour ma part, selon un processus classique et bien compréhensible, j'avais au contraire repris du plaisir à visiter régulièrement mes grands-parents depuis que, mon père disparu, cette visite avait perdu son caractère obligatoire. D'autant plus que les réjouissances familiales collectives s'espaçaient, au fur et à mesure de l'accumulation des mesquineries entre les frères, oncles et cousins subsistants. Car dans cette famille, les fâcheries prenaient pour prétextes des événements aussi divers et minuscules qu'un livre prêté depuis trop longtemps sans que le détenteur du prêt propose de lui-même de le rapporter, ou qu'une invitation à boire une bière trop tard rendue par l'invité. Certains frères ou cousins brouillés pour des motifs aussi futiles ne se revirent plus pendant des années. Je n'ai donc pas été dépaysé quand, à peu près à cette époque, j'ai lu pour la première fois *Astérix en Corse*, et cette histoire de vendetta sur fond de vente d'âne boiteux au grand-père de Figatellix.

Quand j'y allais passer un dimanche ou un mercredi, je me retrouvais donc seul entre mes deux grands-parents déjà septuagénaires. La grande maison était isolée au bout d'une rue de village, dernière avant la forêt – ambiance qui aurait dû rebuter le jeune ado que j'étais alors, mais qui au contraire me ravissait. Je passais mes journées à fouiner dans les meubles et les albums photos, à écouter les 33 tours de mon grand-père, ou à feuilleter les trésors de son grenier. Parmi lesquels tout une collection de *OSS 117* première époque, et une énorme pile de *Reader's Digest*, reliés par année, et traduits mot à mot de l'américain. Les articles s'intitulaient « Annie du Far West » ou « Comment j'ai vu un cachalot blanc », et ils étaient signés de mystérieux Irving Wallace, Donald Flaherty ou Walter McWharton qui me paraissaient exotiques. Mon grand-père avait dû les récupérer au moment du plan Marshall et de la vogue « chewing-gum et GI's » du tournant des années cinquante ; et ces pages en noir et blanc étaient pleines d'*american way of life*, de publicités pour des frigidaires et d'articles sur les bienfaits des dentifrices hollywoodiens, qui cadraient bien avec l'ambiance dans laquelle cette maison commençait à se figer. J'étais le seul de ma génération, et même de celle au-dessus, à sortir ces divers objets de leur poussière, ce qui attendrissait beaucoup mon grand-père car il percevait sans doute qu'à travers tout ça c'est aussi à lui que je m'intéressais. Avec lui, je cueillais également les fruits du jardin, dont nous faisions sirops et confitures dans une brinquebalerie de marmites, réchauds en fonte, tuyaux et bouteilles de gaz qui faisaient un peu distillerie de schnaps clandestine. Et surtout nous papotions, bien plus qu'avec ma grand-mère avec qui je n'avais, excepté à propos de recettes de cuisine, que peu d'affinités – j'en ai été puni par le Ciel, n'ayant jamais réussi à refaire de manière satisfaisante ses fameuses pommes de terre rôties, malgré l'achat fort onéreux d'une cocotte en fonte exactement pareille à la sienne. Si j'avais été millionnaire je crois que j'aurais, quand mes grands-parents sont morts, racheté cette maison qui parlait d'eux jusqu'au moindre détail, et qui en ce début de XXIe siècle était aussi une sorte de rêve pour antiquaires. Les meubles design des années quarante et cinquante, de même que les parquets, les marbres, ou le délicat papier peint pastel cerclé de barrettes cuivrées, étaient en effet impeccablement entretenus, de même qu'une véritable curiosité : une cuisine tout équipée en électroménager 1960, qui n'avait jamais servi. Car ils avaient de ce mobilier et de cette belle villa une pratique assez incroyable.

Dans cet immense et luxueux logement, mes grands-parents ne montaient à l'étage noble que le soir, pour regagner leur chambre. Le lendemain matin ils ouvraient rituellement les volets roulants à chacune des larges baies vitrées des huit grandes pièces, admirant au passage la superbe et lumineuse vue presque sans voisins qui donnait sur une forêt et des champs cultivés. Puis ils descendaient immédiatement au rez-de-chaussée, dans une pièce sombre et basse de plafond attenante au garage, et qui leur servait à la fois de cuisine, de salon et de salle à manger. Ils y passaient toutes leurs journées. Quand j'explorais pour ma part les cent cinquante mètres carrés de l'étage ou l'immense grenier aménagé, j'étais certain de ne pas être dérangé car presque personne n'y pénétrait jamais entre le lever et le coucher. Ils faisaient ça « pour ne pas salir » en haut, réservant les pièces d'apparat de l'étage « pour les grandes occasions ». Occasions qui, à en croire ma mère, étaient déjà rares du temps de ses fiançailles, et que je n'ai pour ma part jamais connues de ma naissance jusqu'à leur mort, soit pendant tout de même trente années.

J'en ai maintenant presque quarante. Et je me demande parfois ce qui me reste de « tout ça ».

15.

Longwy-Paris

Aujourd'hui encore, plus qu'aucun autre membre vivant ou mort de ma famille, c'est mon père qui influence le plus ma vie, que je le veuille ou non. Je ne m'en rends pas toujours compte sur le moment, parfois si, cela m'agace ou bien je fais avec, mais c'est ainsi. Il s'agit heureusement, dans la plupart des cas, d'une influence à l'envers : c'est « contre lui » que je me comporte de telle ou telle façon. Mais c'est donc quand même *par rapport* à lui. Et je suis contrarié de lui faire cet honneur.

De ma vie avec lui, il me reste des réactions toujours très violentes à un certain type de bobard : ce que j'appelle les « fictions intéressées », ces manières de travestir la réalité et d'imposer aux autres un scénario flatteur pour soi – tous stratagèmes qui me rappellent la façon qu'avait mon père d'intoxiquer son entourage. C'est ce que les hommes politiques ou les publicitaires appellent aujourd'hui du *storytelling*, et c'est exactement ainsi qu'il procédait. Il vendait à un public une version idéale. Une histoire parfaite, lisse et mensongère de la famille que nous étions censés être. Il ne la vendait pas qu'aux gens de l'extérieur, mais à nous aussi : ma mère, mon frère ou moi étions supposés avaler cette fable comme tout le monde. Nous étions un foyer exemplaire, il se comportait avec nous comme il le fallait, nous avions bien de la chance de l'avoir, tous les enfants et toutes les épouses ne pouvaient pas en dire autant. De nous trois, je suis peut-être celui qui a rejeté ce poison de la manière la plus violente et la plus démonstrative. Je ne me prends pourtant pas pour un Zorro de la Vérité qui, doté d'une lucidité et d'une grandeur d'âme supérieures, pourchasserait mieux que les autres le Mensonge et l'Hypocrisie. C'est plutôt comme une maladie. Épuisante à la longue, pour moi comme pour mon entourage.

Parce qu'un père, normalement, c'est une figure d'autorité plutôt bienveillante, protectrice. Alors quand elle se transforme en un monstre d'oppression, en une force permanente qui, de haut en bas, vous appuie sur la tête, vous écrase, vous empêche de respirer, et tout ça quand vous n'avez pas dix ans, ça laisse des traces. On se sent comme un gibier dans une forêt, jamais en repos, le sommeil léger, prêt à fuir – ou bien à lutter puisque dans mon cas le gibier était bien décidé à ne pas se laisser égorger. Si l'on ne cède pas, comme ce fut mon choix, alors on prend l'habitude de résister. Et pour résister, on se crispe. Même des années plus tard, à force d'être ainsi toujours en alerte et de serrer les dents, je me fabrique certains jours des migraines à pleurer de douleur. Peut-être que s'il avait vécu j'aurais pris des cours de boxe, puis je lui aurais cassé la figure, ça m'aurait fait beaucoup de bien et j'aurais, ensuite, appris à lâcher. Mais ça ne s'est pas produit.

Sans surprise ma mère et moi avons, de ce point de vue de la réponse aux agressions, des modes de fonctionnement très différents.

Ça s'est manifesté par exemple lors de la scolarité de mon frère. En primaire ça allait : ma mère lui avait trouvé une école spéciale, réservée aux enfants malades qui manquaient souvent les cours pour cause d'hospitalisation. Dix élèves par classe, des instituteurs aux petits soins, exactement ce qu'il lui fallait, c'est grâce à eux que mon frère sait lire et écrire. Mais après le CM2, plus rien. L'Éducation nationale n'a pas prévu le cas. Mon frère a donc échoué, faute de mieux, dans une section « spécialisée » du collège du coin. En fait une voie de relégation quasiment assumée par le système, comme on ne s'en aperçut que trop tard. Sous prétexte d'éducation renforcée, étaient regroupés là les gamins les plus ingérables, les petits voyous, ceux des familles « à problèmes » connues dans tout le canton. Et nous n'avons pas compris tout de suite que mon frère y serait le souffre-douleur. Ce que nous avons vite saisi, en revanche, c'est que du côté de certains profs aussi il y avait un problème. Mon frère ramenait à la maison des exercices de mathématiques auxquels je ne comprenais pas un traître mot – j'étais pourtant en terminale C, et lui en cinquième. Le niveau de maths requis n'était pas trop ardu, mais la formulation des questions rendait l'ensemble incompréhensible : dans ces histoires de robinets qui fuient et de trains qui se croisent manquait un verbe, ou alors trois subordonnées se suivaient sans logique, impossible de savoir où le prof voulait en venir et s'il attendait que l'on donne la surface, le volume ou le périmètre. J'appris ensuite que le professeur en question était très loin d'avoir inventé l'eau chaude, mais qu'étant donné le peu de candidats pour ces postes-là l'Éducation nationale fermait les yeux, et pas seulement vis-à-vis de ce monsieur. Évidemment, toute la classe avait un niveau lamentable, mais avec les autres familles l'établissement pouvait toujours prétendre que c'étaient les gamins qui étaient trop bêtes, et vu leur niveau social lesdites familles devaient de toute façon s'en laver les mains. Mais avec nous ça ne marchait pas. Blocage rapidement constaté et insoluble. Du côté des cours de français, ce n'était pas mieux. Déjà, faire apprendre des poésies de surréalistes des années trente à des gosses en difficulté, moi je m'en serais tenu à du La Fontaine bien basique, mais je ne dois pas être assez psychologue. Et question psychologie justement, le gros problème, c'est que quand on demande à un gamin comme mon frère, qui ne parle presque pas, de se lever, de monter sur une estrade, et de débiter par cœur du Prévert abscons devant vingt-cinq caïds qui le détestent, ô surprise : il n'y a rien qui sort. Mon frère revenait du collège avec des mots du professeur à faire signer : « N'a pas appris sa leçon » – ce qui était faux.

Face à ce genre de situations, j'étais d'avis d'aller au collège secouer l'imbécile capable d'écrire une phrase pareille sans se poser de questions. Ou bien au moins lui coller le nez sur l'énormité de sa bêtise afin de lui mettre les deux pieds dans la même chaussure et, accessoirement, de l'amener à réfléchir un peu. Ma mère n'a jamais voulu : je souhaitais donc que le prof prenne mon frère en grippe ? Ce serait encore pire ! Elle était pour le dos rond, moi pour le bazooka, je ne prétends pas que j'avais raison et elle tort, mais on ne parlait pas le même langage, il n'y avait rien à faire. À force de retourner la question dans tous les sens, ma mère a quand même fini par trouver, en Belgique, une excellente école, comme tant de parents français sans solution pour leur enfant quand il ne rentre pas dans les cases[1].

Ce genre de scène se répétait parfois dans des contextes encore plus surprenants. Là aussi c'était déjà quelques années après la mort de mon père. Le contexte familial avait bien changé, notre cercle

---

1. C'est une des raisons pour lesquelles je n'ai jamais eu des Belges, contrairement à beaucoup de Français à une certaine époque, cette vision caricaturale et condescendante pour blague Carambar. Je me moquais également assez peu du look et des coiffures de la reine Fabiola, puisque c'est en partie à elle et au roi Baudouin, qui ne pouvaient pas avoir d'enfants, que l'on doit le développement en Belgique de nombreuses institutions d'accueil des enfants inadaptés.

d'amis était passé à une large majorité d'instits et de profs – des bobos, comme on ne disait pas encore –, c'était beaucoup plus sympathique et j'en étais ravi. Les soirées à regarder TF1 avaient été remplacées par des dîners dans des intérieurs sans télé, il y avait des guitares et du bon vin, et je peaufinais mon répertoire de Jean Ferrat tout en découvrant le tofu bio issu du commerce équitable. Il arrivait que cette joyeuse bande parte passer l'été en Dordogne, dans une grande maison perdue au fond d'un bois, que l'un d'entre eux retapait. Il n'y avait pas suffisamment de chambres pour tout le monde, chaque couple ayant au moins deux ou trois enfants. Certains – devinez qui – se retrouvaient par conséquent sous la tente, dans le jardin, en bordure d'une forêt où l'on entendait la nuit les bruits inquiétants des animaux. Moi ça ne me faisait pas peur, j'avais quatorze ou quinze ans. Mais mon frère, évidemment…

Comme il se relevait la nuit en pleurnichant, il s'est vite trouvé un couple d'« amis » pour estimer que mon frère « posait problème ». Il y eut même constitution d'un vrai petit tribunal populaire. Qui, par la même occasion, fit également mon procès express : n'était-ce pas moi qui utilisais le tiers du flacon de shampooing à chaque douche ? Et les corn-flakes pour le goûter, un aliment de petit-déjeuner, c'est n'importe quoi ! Personnellement, je suggérai à ma mère de traiter le couple en question de connards, de prendre nos cliques et nos claques et de rentrer en Lorraine, mais mon avis ne fut pas suivi. Elle me confia des années après qu'elle regrettait de ne l'avoir pas fait. On progressait.

*

Cette tendance à la capitulation devant l'autorité – même une autorité complètement illégitime – m'était d'autant plus insupportable que cette attitude semblait généralisée autour de moi.

Un jour, les usines fermèrent. Trop chères, pas rentables. Plutôt que de produire nous-mêmes de l'acier, on nous expliqua qu'il valait mieux en acheter aux Brésiliens. On nous le rabâcha jusque dans les écoles – je me souviens d'avoir eu des cours en histoire-géo à ce sujet, les professeurs nous racontant que c'était sûrement mieux ainsi, ou bien qu'ils l'aient cru eux-mêmes ou bien qu'ils n'aient pas osé se montrer trop lucides devant des ados que ça démoraliserait. *Storytelling*. La haute économie avait décidé qu'il valait mieux financer les dégâts du chômage que d'essayer de sauver les métallos, et puis de toute façon on ne nous demandait pas notre avis. Longwy se retrouva trop grande pour elle-même. Tous les cinémas fermèrent. Sauf un, bientôt en si mauvais état que personne n'y alla plus. Les routes ne furent plus souvent réparées, ce qui se vit très vite après quelques gros hivers de gel et de salages.

Penser la ville sans l'usine semblait vraiment impossible, même si on essayait de se persuader du contraire. Depuis cent ans que les hauts-fourneaux étaient là, tout s'était organisé autour. Leur dynamitage laissa un trou, incongru et obscène en plein centre du patelin. On le voit encore : depuis le haut de la colline, les maisons identiques, collées les unes aux autres en rues bien droites, descendent avec régularité dans la vallée, puis s'arrêtent soudain. Arrive le trou. Il s'étale sur deux à trois cents mètres, puis les strates de rues parallèles reprennent, et remontent de l'autre côté du vallon. Pour ceux qui ont connu « avant », c'est indécent. Une ablation. Et pour les autres, c'est laid et ça ne ressemble à rien, ils disent juste qu'ils n'ont pas envie de rester là, sans s'expliquer pourquoi. Depuis, de petits arbres ont poussé à cet endroit, plus ou moins spontanément, mais franchement il n'y a pas grand-chose de commun entre ces bosquets qui n'ont rien à faire là et le « poumon vert en cœur de ville, à la Central Park » qu'on nous vendit alors – car oui, certains des responsables de l'époque osèrent se moquer du monde à ce point. Bien entendu le plein-emploi ne revint jamais, ceux qui retrouvèrent un travail durent aller au Luxembourg, ou bien dans l'immense supermarché et la zone commerciale qui s'ouvrirent bientôt, à cheval sur les trois frontières. Comme il n'y avait plus de raisons d'habiter dans le centre-ville, les gens se firent construire un pavillon en parpaings dans un village voisin, histoire d'avoir un bout de pelouse à eux. Du coup ils achetèrent une deuxième, voire une troisième voiture, nécessaire désormais pour aller travailler ; alors que j'avais toujours vu jusqu'ici les gens se rendre à l'usine à pied, par une des portes des aciéries qui s'ouvraient pour certaines directement entre deux maisons.

Par voie de conséquence le Prisunic ferma, de même que la Maison des Cent Mille Articles, que le Petit Bazar du Jouet ou que les Grandes Galeries du Centre. Le Cinéo devint un bar, et le Ciné-Palace un entrepôt de meubles. Rares sont ceux qui en passant devant se rappellent ce que ces bâtiments ont été, et certaines façades tombent en décrépitude alors qu'elles pourraient tout à fait être classées. Sur un bel immeuble haussmannien, juste devant la gare, on peut lire au fronton que les Grands Magasins du Vêtement Moderne occupèrent, il fut un temps, toute la maison. Une marque d'aujourd'hui pourrait parfaitement l'occuper encore, si l'activité et les habitants qui vont avec n'avaient pas abandonné ces rues pour une banlieue rurbaine à l'américaine, où ils s'ennuient le soir et s'embouteillent le matin.

Puis ce fut le tour des trains. À Longwy, il y a une petite gare tout en bas de la ville – petite par le bâtiment mais immense par les voies, qui occupaient presque tout l'espace plat laissé libre par l'usine, avec une tentaculaire zone de triage et de docks. C'est grâce à cette gare que j'ai vu la capitale pour la première fois. J'étais en sixième, c'était l'été, une belle fin de mois de juin, un professeur avait organisé pour ma classe un aller-retour sur deux jours, je ne sais même plus où on a dormi là-bas mais je me souviens du train. À cette époque il y avait un direct entre Longwy et Paris, un Corail orange et marron comme il en reste encore quelques-uns. C'était un train à compartiments. Comme il était rarement plein on passait un voyage agréable, ce jour-là on s'était mis par affinités, avec les copains. Je l'ai souvent repris par la suite, et grâce aux mêmes compartiments j'arrivais toujours à me dégotter un coin calme, à deux ou trois maximum dans ces petites cabines de six, luxe auditif inabordable aujourd'hui : ça faisait un petit salon où l'on se tenait bien, comme en visite chez des amis guindés. J'adorais ce train qui, donc, m'amenait en direct de mon Pays-Haut[1] jusqu'à la gare de l'Est, en un peu plus de trois heures. Et puis un jour, ce Corail disparut. Il fallut prendre des correspondances dans des villages perdus, très jolis de loin mais beaucoup moins quand on attend, l'hiver, sur un quai en plein vent par moins cinq. Puis ces trains-là furent supprimés aussi : on nous vendit un beau TGV, mais qui fatalement ne desservirait que les grandes villes, et pour deux fois plus cher. Les virées parisiennes que je me payais ado m'auraient été impossibles si j'étais né dix ans plus tard, et sans doute ma vie en aurait été radicalement changée. Ce fut l'un des nombreux avis de décès de la région telle que je l'avais connue, et qu'on a laissée mourir. Longwy devenait un cul-de-sac. Un endroit où on ne va pas – pour y faire quoi ? Et dont on part si on y est né, ou alors c'est que vraiment on ne peut pas faire autrement. À cette époque, vers 1990, la ville comp-

1. Le nord de la Lorraine est un plateau venteux connu dans la région comme le « Pays-Haut ».

tait encore quinze mille habitants, une quarantaine de milliers avec la banlieue, mais tout était fini pour elle. La suppression du train de Paris n'était qu'un symptôme, ou alors une cause parmi d'autres, mais peu s'en sont émus, je ne me souviens pas que la nouvelle ait fait beaucoup de bruit alors.

Ce qu'on ne raconte pas n'existe pas. Ce qui n'est pas, à un moment ou à un autre, objet d'histoire, objet de récit, n'existe pas. La formule n'est pas de moi[1], mais elle résume bien ce que je veux dire : l'importance de l'histoire, grande ou petite, l'intérêt essentiel qu'il y a à la connaître. Or on ne raconte pas ces gens-là, ces villes-là, cette époque-là. Du moins pas au-delà d'une certaine veine de nostalgie gentille, mais un peu stérile et avec peu de réflexion derrière. Les librairies sont pleines de petits livres illustrés sur les années soixante, soixante-dix ou quatre-vingt, les enfants de telle ou telle décennie, les émissions télé d'autrefois ou les voitures des Trente Glorieuses. C'est joli. Ça ne va pas loin. Ou alors il y a des livres épais et techniques, qui n'ont que peu d'écho dans le grand public : écrits par des sociologues pour d'autres sociologues, ou quelques amateurs éclairés. D'autres pays pourtant savent allier les deux : une réflexion profonde mais grand public, qui peut-être même arrive à faire bouger les choses. Les Anglais ont Ken Loach, et les Belges les frères Dardenne. Mais chez nous, quand un film s'essaie à ce genre, ça tombe rarement juste à mes

1. Elle est de l'historienne Michelle Perrot.

yeux. J'ai l'impression que le réalisateur et l'acteur principal découvrent leur sujet, avec autant d'étonnement que si le film parlait des Aborigènes ou des Aïnous. Un peu plus souvent est abordé le quotidien des quartiers difficiles de banlieue parisienne : les faiseurs de films étant souvent parisiens c'est pour eux un ailleurs proche, juste assez différent pour donner bonne conscience. Mais au-delà il n'y a rien. On s'est rendu compte récemment que des quartiers de Boulogne-sur-Mer ou Saint-Étienne étaient bien plus pauvres que ce qu'on pensait, mais ces *terrae incognitae* sont trop loin pour intéresser. Lorsqu'une exception survient, elle est rejetée avec moqueries et mépris : je pense notamment à ce qui se produisit quand le film *Ça commence aujourd'hui* sortit sur les écrans ; comédie dramatique où Philippe Torreton incarne un directeur d'école qui découvre, dès la maternelle, le déterminisme social dans une petite ville du Nord. J'étais alors étudiant, et parmi mes amis en cette fin d'années quatre-vingt-dix, certains trouvèrent ce film formidable. D'autres ricanèrent : c'était quand même trop caricatural, trop outré, on avait voulu faire pleurer Margot avec de grosses ficelles… Les premiers de ces étudiants étaient souvent boursiers, les seconds venaient de centres-villes cossus et de familles plutôt aisées. Je ne prétends pas révéler ici une vérité cachée : cela semble en effet logique que des jeunes soient le reflet de leurs milieux respectifs. Mais ce qui est étonnant c'est que les seconds, les « aisés », assénaient leur opinion avec bien plus de force que les premiers. Ils adoptaient un ton d'évidence tranquille et sûre de son bon droit. Pourtant, parmi les boursiers – j'en étais –, certains avaient assisté *de visu* à des scènes semblables à celles du film. Ils essayaient donc de convaincre les autres : « Mais si, je te jure, ça existe : mon voisin, ma tante Gilberte, un élève de ma mère sont exactement comme ça ! » Les autres levaient les yeux au ciel, comme si l'on essayait de leur faire une blague de 1er avril et qu'ils répondaient : « Eh, pas à moi… »

Après tout c'est vrai : qui diable peut avoir l'idée saugrenue d'habiter Longwy, ou bien Fourmies, Briançon ou Montbéliard ? Eh bien moi, par exemple. Mais ma parole ne valait rien : ceux qui n'y avaient jamais mis les pieds savaient mieux que moi. Ce qu'on ne raconte pas n'existe pas. On le racontait trop peu pour qu'ils y croient. Leurs études terminées, ils trouvèrent aussitôt des postes bien payés, réservés pour eux par papa dans des entreprises où ils continuèrent à asséner leurs idées, en y rencontrant sans doute encore moins de contradicteurs – pardon pour le cliché, mais c'est exactement ce qui se produisit.

On raconte peu les petites villes de province aujourd'hui. On ne raconte pas du tout la mort du monde ouvrier des années quatre-vingt.

Après l'oppression que j'avais connue au sein de ma famille, celle qui tua ma région à cette époque m'était je crois plus sensible qu'aux autres gamins de mon âge. Ma révolte intime ne servait à personne puisque je n'allais hélas pas sauver ce monde, façon Jeanne d'Arc. Cela me rendait malade, mais de manière absolument stérile, et je le savais. Mais on n'y peut rien.

16.

La dernière coulée de fonte

Avec les boulets et les fardeaux intimes, il y a plusieurs solutions. En général on se contente de les traîner, sans chercher plus loin. On souffre tout seul et ça n'avance à rien, mais on ne sait pas faire autrement. Ou alors il y a l'option de grimper dessus. Le boulet n'est pas l'objet rêvé pour cet usage, ça n'est pas très stable, mais au moins ça permet de se grandir, ou de se faire remarquer. Il y a enfin la possibilité de l'envoyer à la figure des autres. C'est lourd et ça fait mal, parfois autant au lanceur qu'à la cible. Dans tous les cas on y est toujours attaché. Scier la chaîne est le plus difficile, à supposer que ce soit même possible.

Je reprends ma question : qu'est-ce qui me reste de « tout ça » ? On m'a dit un jour que je le portais sur mon dos en permanence, depuis la brasserie de mon arrière-arrière-grand-père jusqu'à mon tyran de père, en passant par les bombardements de 40 et la polenta. Est-ce que la charge de ce sac à dos est une douleur désirée, qui permet de ne pas se sentir vide ? Ou bien au contraire n'est-elle qu'écrasante ? On peut changer de métaphore : j'éprouve presque tous les jours que tout ce que je viens de raconter reste soudé à mes baskets. Je ne dois pas être le seul à ressentir, des années après, cette sensation collante à mes pieds d'un passé qui ne passe pas, mais la plupart des gens ont l'air de faire semblant de l'oublier. Ou alors ils y arrivent vraiment, et j'aimerais qu'ils m'expliquent comment ils ont fait. Est-ce qu'un bagage comme le mien empêche d'avancer ? Ou au contraire est-ce que ça force à prendre le temps, et à ne pas marcher trop vite ? À garder un cap, un sens de ce qui est important, et à mieux le distinguer des modes et engouements ?

Je me souviens encore, et j'y pense souvent, de ma dernière visite aux aciéries. Mon oncle Jean-Jacques avait eu la bonne idée de m'y emmener peu avant la fermeture, et c'est l'une des meilleures initiatives qu'il ait eues de sa vie. J'ai donc vu, à cinq mètres de distance, une des dernières coulées de fonte de la sidérurgie lourde française. Installé en surplomb sur une plate-forme à claire-voie, j'ai pu observer pendant trois minutes, sous mes pieds, un gros serpent orange aveuglant qui avançait lentement. C'était du métal en fusion : mille deux cents degrés. J'ai vu le labyrinthe des usines, des tapis roulants, des machines et des tuyaux, et les passerelles et boyaux de métal où l'on passait sous plusieurs centaines de tonnes d'installations qui me semblaient hautes comme une demi-tour Eiffel. Au détour d'un couloir on tombait soudain sur une salle comme une caverne, aux murs recouverts de manettes et de cadrans d'acier qui avaient l'air de dater d'avant guerre, ce qui était sûrement le cas. Et assis devant, à une table en formica, trois ouvriers sous un néon, en casque et bleu de travail, avec des mains comme des pelleteuses. Cassant la croûte d'un jambon beurre ou réchauffant au chalumeau une gamelle militaire de morteau-purée.

J'ai vu, à la fin des années quatre-vingt, la destruction de ce monde-là. Pas les conséquences évoquées plus haut, mais sa disparition physique, en quelques instants un beau jour de printemps. Il était midi, la population s'était rassemblée sur un rond-point, juste devant les barrières et un cordon de CRS. Que craignait-on, une émeute ? Il n'y eut pas même un mouvement de foule. On entendit soudain une sirène, puis des explosions, et les hauts-fourneaux s'écroulèrent, dynamités. C'était fini. C'est aussi à ce moment-là que tout commença à être délocalisé en Chine, avec les dégâts que l'on sait sur nos sociétés et nos économies. Mais apparemment enrichir un pays dictatorial, lui permettre d'amasser des sommes énormes, et donc d'acheter des armes ou de s'offrir nos entreprises, tout ça était assumé, bien pesé, c'était le prix à payer pour que ces gens nous vendent en retour des grille-pains qui tombent en panne et des lecteurs de DVD à trente euros de moins que si on les avait fabriqués nous-mêmes, c'est dire si ça valait le coup.

J'ai été particulièrement ému quand j'ai vu le film *Good bye Lenin !* Parce que c'est un peu la même histoire : la fin d'un système dont on nous rabâcha qu'il était mauvais, condamné, et qu'il n'y avait de toute façon pas d'alternative. Les quelques bons côtés de la RDA étaient jetés avec l'eau du bain tout comme, mille kilomètres plus à l'ouest, mon univers était absorbé par la tertiarisation et la société de services. Tout le monde allait bosser dans la com' ou dans une banque de la City de Londres, c'était merveilleux.

Deux fois quand même il y avait eu des soubresauts. En 1979 sous la droite, puis en 1984 sous la gauche, années des « plans acier » – pudique nom du programme d'abandon des usines. Là oui, il y eut des émeutes : pendant une semaine on avait vécu volets fermés en plein jour. Les ouvriers aiguisaient des boulons et les tiraient sur les CRS. Les carrefours étaient bloqués par du feuillard, de grands rouleaux de tôle aux bords coupants qui ressemblaient à des bobines de scotch géantes. Les grévistes les balançaient de la plate-forme d'un camion, et les cent mètres de longueur sur un mètre de large se déroulaient comme un serpentin. Pour dégager la route il fallait faire venir une grue et découper le ruban au chalumeau, ça prenait du temps, du coup le trafic était bloqué, les camions ne passaient plus, et il n'y avait plus rien à manger dans les supermarchés. Mon père, mobilisé, n'était pas rentré à la maison pendant huit jours, ses collègues et lui jouaient à la guerre en mangeant des rations militaires de survie, il s'amusait comme un petit fou.

C'est dire si, dans le monde où j'évolue aujourd'hui, j'ai parfois l'impression d'être un Martien. Ou un rescapé. En tout cas de venir de loin. Bien sûr, je ne suis pas le seul à avoir dû faire sans : sans réseau, sans népotisme, sans certains codes sociaux. Sans un père normal, puis sans père du tout. Ça arrive. Et puis je suis quand même fils de prof, donc déjà un peu privilégié. Il y a des gens qui réussissent, et dont les parents sont petits agriculteurs, chômeurs, ouvriers, ou immigrés de fraîche date ne parlant pas un mot de français : ils ont plus de mérite que moi. Mais j'ai été surpris tout de même de voir combien, eux comme moi, pesons finalement peu dans les milieux bien nés de la politique, de l'économie ou des médias. Comme si ce qu'on pouvait y apporter de différent s'y diluait. Je ne me lasse pas non plus d'observer les autres : ceux issus, au contraire, de familles bien introduites depuis longtemps dans ces mêmes lieux de pouvoir. Ils n'ont vu que tard et de loin un ouvrier, une ferme à vaches, ou l'ennui d'un dimanche de petite ville, lieux et gens dont pourtant ils dirigent plus ou moins l'existence. Ils n'ont pas l'air de se poser de questions.

Et pour ce qui est de mon père, lui pèse évidemment très lourd dans le cartable d'écolier invisible que je me traîne toujours. Tout ça pourtant est loin : c'était il y a plus de vingt-cinq ans. Mais la ligne Maginot passe à moins de dix kilomètres de l'endroit où je suis né. Elle n'a pas servi, elle n'est plus entretenue depuis longtemps, et cependant ses bunkers sont intacts, bien ancrés dans le paysage et ils n'en bougeront plus. Allez-y si l'occasion se présente. Elle est presque indécelable depuis la surface. Mais trente mètres en dessous, il y a des kilomètres de couloirs, des centrales électriques, des cuisines industrielles, des dortoirs, des trains même. Tout était prévu pour y mener une guerre et pour y vivre. Dans des conditions pas folichonnes, certes, dans le noir, l'angoisse et la promiscuité, mais enfin c'était quand même survivre.

Alors ma ligne Maginot à moi qui, elle, a servi, et à qui je dois sans doute d'être encore là, vous imaginez bien que ses bunkers sont toujours en service, et se rappellent sans cesse à mon bon souvenir.

Ce béton-là est bien plus difficile à dynamiter que les hauts-fourneaux d'Usinor.

Épilogue

— Dis donc, galant homme, tu pourrais me laisser la banquette... Normalement, au restaurant, la banquette c'est pour la dame...

— Ben oui mais tu sais bien... Ça me stresse de tourner le dos à la salle... Ou alors faut qu'il y ait un miroir sur le mur, pour que je voie ce qu'il y a derrière moi, sinon je te jure que je flippe.

— Euh, tu es au courant que ton père est mort, dis ?

— Mmh... Avec lui je me méfie...

Remerciements

Je tiens à remercier tout particulièrement :

Delphine, Yves, Jérôme et Mathieu,
Isabelle, Laurence, Sophie, David et Guillaume,
Et bien sûr Denis et Muriel.

F. V.

Table

Première partie
CREUSER

Deuxième partie
ENTERRER

NORD COMPO
multimédia

Composition et mise en pages
Nord Compo à Villeneuve-d'Ascq

CET OUVRAGE
A ÉTÉ ACHEVÉ D'IMPRIMER
SUR ROTO-PAGE
PAR L'IMPRIMERIE FLOCH
À MAYENNE EN JUILLET 2015

N° d'édition : L.01ELIN000398.N001. N° d'impression : 88612
Dépôt légal : octobre 2015
Imprimé en France